RACHEL DESROSIERS-SABBATH

L'ENSEIGNEMENT ET L'HÉMISPHÈRE CÉRÉBRAL DROIT

1993
Presses de l'Université du Québec
2875, boul. Laurier, Sainte-Foy (Québec)   G1V 2M3

De la même auteure

Évaluation du niveau conceptuel par la méthode du paragraphe à compléter, traduction de l'ouvrage de Hunt, Butler, Noy et Rosser, PUQ, 1987.

Comment enseigner les concepts, PUQ, 1984.

La créativité verbale chez les enfants, PUF, 1975.

La creatividad verbal en los niños, traduction de Alfred Sargata 1, Espagne : Oikos-tau, 1978.

Les modèles en éducation, Noir sur Blanc, 1990.

Vocabulaire de l'éducation, PUF, 1979 (en collaboration).

ISBN 2-7605-0724-6

Tous droits de reproduction, de traduction et d'adaptation réservés © 1993
Presses de l'Université du Québec

Dépôt légal – 1er trimestre 1993
Bibliothèque nationale du Québec
Bibliothèque nationale du Canada
Imprimé au Canada

« Le destin de notre société passe par l'école. »

Claude Corbo, recteur
Université du Québec à Montréal

Remerciements

Je dois d'abord exprimer toute ma gratitude à mon époux, Lawrence, premier lecteur et critique enthousiaste de mon manuscrit. Je remercie très particulièrement mes collègues, Jean-Jacques Jolois, Frances Schoning, et mon ancienne professeure de Lettres, Simone Poissant, pour leurs commentaires judicieux lors de la révision du manuscrit. J'exprime aussi ma vive reconnaissance aux enseignantes et enseignants pour leurs expérimentations présentées dans cet ouvrage, enfin, un merci tout spécial à Michelle Le Bot qui a assuré la dactylographie du texte.

La publication du présent ouvrage a été rendue possible grâce à l'aide financière du Comité des publications de l'Université du Québec à Montréal, du Programme d'aide à l'édition savante de la Fédération canadienne des sciences sociales et du Conseil d'administration de la Fédération des écoles normales.

Table des matières

Préface

Notre savoir scientifique se développe tous les jours. Nos conceptions sociales et philosophiques évoluent constamment. Nos façons de vivre se modifient avec une telle rapidité qu'il nous est impossible de prévoir ce que sera notre genre de vie dans quelques décennies. L'éducation, ses théories et ses pratiques connaissent-elles des mutations analogues? Et que faudrait-il faire pour mettre l'éducation à l'unisson de ce feu d'artifice de transformations? C'est à cette question que veut répondre Rachel Desrosiers-Sabbath dans cet excellent livre qui se veut à la fois un recueil de réflexions pédagogiques générales et un manuel d'applications.

Partant des résultats de la neurophysiologie sur la spécificité relative des fonctions des hémisphères cérébraux, d'où le titre général du livre, l'auteure présente au public une pédagogie globale s'adressant à toutes les sphères de la personnalité, pédagogie dans laquelle cognitif et affectif se rejoignent, s'épaulent mutuellement, pédagogie dans laquelle l'individu se trouve réinséré au sein du groupe, pédagogie dans laquelle la vie scolaire artificielle et la vie réelle pourraient et devraient vivre enfin en harmonie. En fait, on trouve à travers tout le livre les grandes orientations de l'éducation nouvelle insistant sur l'unité des processus psychiques, sur « une école pour la vie et par la vie » (O. Decroly), sur la nécessité de la formation de toutes les composantes de la personnalité (cognitive, affective, sociale, artistique, physique, etc.), nécessité repensée, resituée, restructurée en fonction des apports de la science contemporaine. Mais l'appel aux explications d'ordre neuropsychologique ne fait pas tomber l'auteure dans un organicisme déplacé : celles-ci lui permettent simplement d'analyser une des composantes du comportement et de resituer à leur juste place les explications d'ordre physiologique. Ajoutons aussi que les travaux sur les fonctions cérébrales, et plus particulièrement les travaux des dernières décennies, mettent bien en évidence l'unité de la personnalité et l'impossibilité de ne faire appel qu'à un seul mode d'explication des phénomènes humains, qu'il s'agisse de l'apprentissage individuel ou des comportements sociaux.

La pédagogie et l'action éducative ne se trouvent donc pas ainsi ramenées à des « recettes de cuisine », mais à des pratiques qui ont leur justification dans les résultats actuels de la recherche scientifique. La formation d'un éducateur ne se ramène donc pas à la formation d'un « manœuvre de l'éducation », mais à la formation d'un individu qui a appris à analyser et à résoudre des problèmes qui lui seront nouveaux; élèves, conditions d'existence, milieux environnants, conditions économiques, techniques, politiques... changent constamment et l'éducateur de demain se trouvera confronté à des situations que, quelle que soit la perspicacité des formateurs d'aujourd'hui, il est quelquefois impossible d'imaginer. D'où une formation qui ne peut plus être ce qu'elle était il y a un demi-siècle. Et le livre de Rachel Desrosiers-Sabbath, livre qui se réfère à une solide expérience de formation des enseignants en est un puissant témoignage. Et c'est là une des originalités de cet ouvrage qui a su allier très harmonieusement les réflexions et données théoriques à des exemples pratiques vécus par l'auteure. D'où la présentation de « modèles d'enseignement » qui ne sont pas présentés dans leur valeur absolue, mais dans le cadre général d'une réflexion pédagogique générale. Ce qui donne à l'ouvrage son unité, malgré une apparence de juxta-position de points de vue différents.

Il est évident qu'un autre fil conducteur est celui de la créativité. Rachel Desrosiers-Sabbath est une des grandes spécialistes en ce domaine. La thèse qu'elle avait présentée en 1973 à l'Université de Caen avait déjà été saluée comme une des contributions majeures et originales à cette difficile et importante question. Nous sommes heureux de constater que cette très brillante étudiante, devenue depuis longtemps professeure à l'UQAM, a su compléter, enrichir, renouveler l'ensemble des théories et des pratiques énoncées il y a presque vingt ans. C'est bien là, encore, un des signes authentiques de sa propre créativité, et nous souhaitons qu'elle puisse encore longtemps et souvent mettre à la disposition des étudiants, des éducateurs québécois et des éducateurs du monde entier sa très grande compétence et son sens très aigu et très pertinent des réalités éducatives de notre temps.

> Gaston Mialaret
> Professeur émérite de l'Université de Caen
> Cofondateur des sciences de l'éducation en France
> Prix Coménius – 1991
> (Grand Prix international de l'Éducation)

Avant-propos

Réfléchissant sur la façon d'orienter une première rencontre avec le lecteur de *L'enseignement et l'hémisphère cérébral droit*, nous avons voulu présenter cet ouvrage d'abord comme essentiellement didactique. Il contient un ensemble de modèles d'enseignement centrés, d'une part, sur l'exploration des possibilités créatrices de l'hémisphère droit en vue de la résolution de problèmes et de l'expression de soi, et, d'autre part, sur l'atteinte d'objectifs de croissance personnelle à l'intérieur d'une école qui lutte pour garder son caractère humaniste. L'ouvrage insiste sur la mission éducatrice de l'école et apporte aux enseignants des instruments et un entraînement utiles à l'accomplissement des finalités éducatives.

Pareille présentation correspond à un premier niveau d'interprétation de l'ouvrage, niveau le plus facile à décoder : un ensemble de théories explicatives du fonctionnement du cerveau issues de la neuropsychologie et de la créativité, des rapports d'expérimentations illustrant la mise en place de stratégies propres à stimuler l'activité des hémisphères droit et gauche, des activités qui suscitent la participation du lecteur parallèlement à sa réflexion lors de la lecture, des modèles permettant à l'enseignant d'orienter son action didactique dans le sens des composantes de départ de la situation pédagogique qui est sienne. Cependant, le lecteur qui veut accéder au second niveau d'interprétation de l'ouvrage doit rechercher, au-delà du message didactique, la philosophie de l'éducation qui l'inspire, à savoir le développement intégral de la personne. Pour ce faire, l'école est appelée à révéler à l'enfant, à l'adolescent et à l'adulte, un mode d'existence totale.

Mission prométhéenne! Elle comporte comme finalité, l'urgence d'apprendre à tout individu que sa responsabilité essentielle en tant qu'humain est d'habiter la Terre, tâche qui est mesure du monde en étendue et profondeur, puis coïncidence de celui-ci avec l'être personnel total. L'éducateur ne s'arrête guère à cette mission ou finalité première, assuré qu'il est du fait que tout humain est habitant de la Terre. Il en a pour preuve les statistiques établissant les courbes de populations et les explorations spatiales pour étendre sans cesse les zones habitables par les humains. Les hommes sont devenus de grands propriétaires sous le régime Star Trek en se constituant colonisateurs du cosmos. Comme pour les seigneurs des régimes féodaux, cette prise de possession de la Terre et de l'espace s'accompagne de multiples exploitations et servitudes.

La soumission au Progrès, à la Technique et à la Science conduit à un mode d'habitation quasi sans faille, parce qu'il obéit aux lois de la mathématique; cependant, en contournant les contraintes et les mouvances de la nature, il ne permet plus aux gens de posséder quoi que ce soit de ce qu'ils croient étreindre. Ce n'est pas une habitation de la Terre ni un mode d'existence totale, parce que rien ne réunit plus la personne. Elle est tirée vers l'extérieur de son être, vers un ailleurs qu'aucune périphérie ni aucune force de centre ne contiennent; elle vit sans conscience profonde de ses racines et sans horizon qui puisse la circonscrire, elle et les choses, dans le rassemblement. Alors la personne se sent menacée dans son existence même. Le chemin qui va vers soi, la main qui veut rejoindre l'autre et l'« universelle harmonie » qui fonde l'existence totale ne sont plus perceptibles.

L'éducation qui promeut un mode d'existence totale doit d'abord apprendre à l'individu à se découvrir lui-même, appartenance qui est conscience de soi et réunification avec l'existant, en somme ses racines. Ceci assuré, la rencontre de l'autre est possible. L'habitation de la Terre se réalise selon la loi des coordonnées spatiales : profondeur verticale de l'en-soi et expansion horizontale de la relation à l'autre. Cette dynamique du soi et de l'autre s'exerce au cœur de l'existant et, si contradictoire que cela puisse paraître, les enseignants qui sont dévoués à la connaissance doivent devenir en quelque sorte les prophètes du réel : « Revenir aux choses mêmes, c'est revenir à ce monde avant la connaissance dont la connaissance parle toujours, et à l'égard duquel toute détermination scientifique est abstraite, significative et dépendante, comme la géographie à l'égard du paysage où nous avons d'abord appris ce que c'est qu'une forêt , une prairie ou une rivière » (Merleau-Ponty, 1945, p. 110).

Le présent ouvrage propose aux enseignants d'instaurer, au cœur de leur action didactique, la préoccupation de conduire l'éduqué à un mode d'existence totale. Pour ce faire, la première partie de l'ouvrage présente, décrit et analyse des activités et stratégies d'enseignement où la pensée intuitive est mise à profit, celle qui, selon des données de la neuropsychologie et de la créativité, caractérise l'hémisphère cérébral droit. La deuxième partie offre aussi des moyens pour que l'école amène l'enfant, l'adolescent et l'adulte à vivre en harmonie avec le réel en empruntant les voies d'entrée assez dichotomiques de leurs deux hémisphères cérébraux afin d'assurer la confluence des modes de pensée objectif et subjectif. Les théories de la gestalt et de la thérapie par le réel sont les ressources utilisées pour rendre l'enseignement signifiant grâce à des approches plus globales, plus près du réel et plus personnalisées. Les apprentissages cognitifs ne supplantent pas ceux qui mènent à la connaissance de soi, à l'intégration de la personne et à l'expression créatrice, une forme d'existence du moi en intensité et expansion. Le rôle de l'éducation s'apparente alors à celui que Anne Hébert (1960) attribue à la poésie pour rompre la solitude :

> [L'éducation] n'est pas le repos du septième jour. Elle agit au cœur
> des six premiers jours du monde, dans le tumulte de la terre et de
> l'eau confondue dans l'effort de la vie qui cherche sa nourriture et
> son nom. Elle est soif et faim, pain et vin. (p. 71)

Première partie

Faire appel à la pensée latérale ou à l'hémisphère droit du cerveau

Apport de la neuropsychologie
et de la créativité

Chapitre 1

Incidences pédagogiques des découvertes sur le fonctionnement cérébral

Les recherches sur le cerveau humain ont donné lieu à des théories diverses et à des découvertes multiples; elles ont aussi suscité des interrogations nombreuses et variées. Quand on songe qu'il a fallu deux millions d'années pour que la structure du cortex cérébral humain prenne forme et se différencie de celle des animaux supérieurs, il n'y a donc rien d'étonnant à ce qu'il faille patience et longueur de temps pour que des hypothèses fécondes naissent et expliquent la structure la plus complexe qui soit. Lorsqu'en 1836, Dax, un modeste médecin de campagne, présenta sa première et unique communication scientifique à Montpellier en France, celle-ci fut l'objet d'une sérieuse controverse jusqu'à ce que, avec le temps, elle sombre dans l'oubli. Le médecin avait avancé l'existence d'un lien entre l'aphasie et l'hémisphère cérébral affecté par un trouble ou une lésion. Cette position défendue par Dax, premier chercheur à soutenir que chaque hémisphère cérébral contrôle des fonctions différentes, fait toujours l'objet de remises en question. Nous avons été témoins au cours des trente dernières années de tentatives répétées pour ramener les spécialisations multiples de chaque hémisphère cérébral à une fonction simple plus englobante (Efron, 1990, p. 1).

Malgré la lenteur des découvertes reconnues scientifiquement, les recherches sur le cerveau ont contribué à une meilleure connaissance de sa physiologie, des fonctions motrices, sensorielles, perceptuelles, des théories explicatives du fonctionnement de l'intelligence en général et de l'affectivité. La neuropsychologie, dont l'objet porte sur la fonction mentale, a largement bénéficié des retombées de la recherche, notamment en ce qui concerne les aspects psychométriques de la fonction clinique; les principes fondamentaux expliquant les relations entre le cerveau et le comportement, indépendamment de l'application pratique (Davison, 1974; cité par Horton et Wedding, 1984, p. 6); puis l'application de la thérapie behaviorale aux problèmes d'individus souffrant de handicaps cérébraux.

Comment les sciences de l'éducation peuvent-elles tirer profit de telles recherches, alors qu'elles sont confrontées à des questions majeures concernant les modes de pensée des individus et les apprentissages requérant des habiletés diverses? Comment pallier les difficultés d'apprentissage? En quoi une meilleure connaissance du fonctionnement du cerveau peut-elle aider le développement du potentiel créateur des individus? Comment adapter l'intervention pédagogique au style cognitif des individus? Certes, la psychologie offre plusieurs réponses étayées, et la pédagogie, héritière d'une tradition aussi longue que l'histoire connue de l'homme, a véhiculé les théories philosophiques au cours des siècles. Aujourd'hui, la neuropsychologie qui « met l'accent sur les fondements neurologiques du comportement » (Reitan et Wolfson, 1985, préface) ouvre d'autres perspectives. L'intérêt que présente une meilleure connaissance du cerveau humain tient du fait que les activités motrices et sensorielles, les fonctions supérieures de l'intelligence et la connaissance relèvent principalement du cortex cérébral; la vie affective et sociale des individus programmée par le cerveau lui serait aussi largement tributaire (Young, 1978). Acquérir une meilleure connaissance des données de la neuropsychologie devient donc impératif pour l'enseignant, compte tenu de leurs incidences sur l'acte pédagogique.

Théories explicatives des fonctions behaviorales du cortex cérébral

L'ouvrage de Reitan et Wolfson, *Neuroanatomy and Neuropathology. A Clinical Guide for Neuropsychologists* (1985), présente une excellente synthèse évolutive des théories les plus importantes mises de l'avant pour expliquer le cerveau humain : la théorie holistique, la théorie de l'assemblage, la théorie de la localisation de régions et la théorie récente de la spécialisation hémisphérique.

La théorie holistique

Les tenants majeurs de la théorie holistique avancent l'idée de la non-localisation de l'intelligence. Flourens (1843) affirme que l'intelligence est une fonction unifiée du cortex cérébral entier. En 1881, Goltz déclare que les recherches n'offrent aucune évidence de la localisation de l'intelligence. Ferrier (1886), tout en reconnaissant que les lobes frontaux jouent un rôle particulier au niveau sensori-moteur et, vraisemblablement, devraient être déterminants dans le fonctionnement intellectuel, ne croit pas en la localisation de l'intelligence. Les expériences très systématiques de Lashley (1929) sur le cortex cérébral des rats l'amènent à émettre le principe suivant : les régions du cerveau ont un potentiel égal, de sorte qu'une lésion dans n'importe quelle région produira une déficience analogue dont la gravité dépendra de la quantité du cortex cérébral détruite, selon le principe de l'action massive.

La théorie de l'assemblage

La théorie de l'assemblage décrite par Halstead (1947; cité par Reitan et Wolfson, 1985, p. 4) reconnaît l'existence de régions sensorielles localisées à l'intérieur du cortex cérébral et qui sont reliées fonctionnellement par un grand nombre de connecteurs intracorticaux. Le fonctionnement unifié de ces régions sensorielles produit une compréhension intégrée des stimuli provenant de l'environnement extérieur et résulte en un comportement intelligent. Ce point de vue sur les fondements neurologiques de l'intelligence avait été proposé par Munk (1890) et von Monahow (1905); Kleist (1934) l'enrichit par la localisation de plusieurs régions dont celles de la lecture et de l'écriture. Les tests cliniques, se rapportant à la lecture, ont montré qu'elle procède d'habiletés qui « en toute probabilité ne relèvent pas de fonctions unitaires, mais exigent des capacités psychologiques multiples pour une performance satisfaisante » (Reitan et Wolfson, 1985, p. 4). Selon la théorie de Luria, « toute forme complexe de comportement dépend de l'activité conjointe de plusieurs facultés localisées dans différentes zones du cerveau » (Horton et Wedding, 1984, p. 30).

La théorie de la localisation de régions

La théorie de la localisation de régions dans le cerveau va plus loin que la précédente et prépare les découvertes concernant la spécialisation des hémisphères droit et gauche du cerveau. Cette théorie a pour fondement le principe selon lequel il est possible d'étudier le rôle spécifique de régions dans le cerveau. L'établissement de fonctions localisées a été précédé par la découverte de la latéralité. Alors que les connaissances sur l'anatomie du cerveau le décrivaient comme une entité dont les deux hémisphères étaient quasi identiques, l'un reflétant l'autre, l'observation

clinique de patients souffrant de lésions dans un des hémisphères cérébraux fournit des données différentes. Chaque hémisphère contrôle les
mouvements et les sensations de la partie du corps qui lui est opposée.
Ainsi l'aphasie est causée par une paralysie du côté droit du corps due
à une thrombose des vaisseaux sanguins chargés d'irriguer l'hémisphère
cérébral gauche. Des fonctions particulières pouvaient donc être assi-
gnées à des régions spécifiques du cerveau. Les découvertes de Broca
(1861), après celles de Dax (1836), marquèrent donc un point tournant :
la fonction du langage est située dans le lobe frontal de l'hémisphère
gauche, plus précisément dans la région de Broca. Par la suite, d'autres
chercheurs tels que Penfield et Roberts (1959), et Benton (1964) ont confirmé que le langage (dans 97 % des cas), et la communication symbolique sont situés dans l'hémisphère gauche, et cela a été établi à partir
d'une corrélation entre le centre où il y a lésion et le symptôme. Cette
corrélation, selon Efron (1990, p. 7), ne peut autoriser l'affirmation d'une
fonction du langage dans l'hémisphère gauche. L'aire fronto-temporale
gauche n'étant qu'un élément du système du langage, l'auteur considère
que la neuropsychologie ne peut se permettre une telle généralisation.
Dans son ouvrage, *The Decline and Fall of Hemispheric Specialization*, Efron
fournit maints arguments qui le rapprochent de la théorie de l'assemblage, comme elle a été formulée par Luria, pour expliquer le fonctionnement du cerveau.

Les données cliniques, si limitées soient-elles, ont conduit à l'élaboration d'un ensemble de connaissances concernant le cerveau. Cependant, l'énigme, quant à l'hémisphère droit, demeurait toujours et cela
soixante-dix ans après les découvertes de Broca. Le manque d'intérêt
pour l'étude de cet hémisphère tenait sans doute à la dominance de
l'hémisphère gauche, mais aussi, selon Springer et Deutsch (1989, p. 7),
au fait que, dans l'hémisphère droit, contrairement au gauche, les processus spécifiques sont distribués dans des sections cérébrales plus lar-
ges, si bien qu'une lésion mineure n'a pas de répercussions observables
ou, plus justement, de répercussions facilement observables.

Au hasard de l'utilisation de tests psychologiques standardisés
pour des sujets normaux, on découvrit, en 1930, que le sens et l'orientation visuo-spatiale relevaient de l'hémisphère droit : « Les sujets
atteints de troubles à l'hémisphère droit ont obtenu des résultats très
faibles aux tests non verbaux portant sur les manipulations de formes,
l'assemblage de pièces de casse-tête, l'ajout de parties à des figures
incomplètes, et d'autres tâches mettant en jeu la forme, la distance et
les rapports spatiaux » (Springer et Deutsch, 1985, p. 15). Le résultat de
ces tests a été corroboré par l'observation directe des patients qui a révélé
des troubles profonds d'orientation. Il devenait acquis, et cela à partir

d'évidences expérimentales, que l'hémisphère gauche était caractérisé comme verbal et l'hémisphère droit comme non verbal et visuo-spatial. Les découvertes invitaient à des recherches plus poussées, pour vérifier si chaque hémisphère est spécialisé dans l'exercice de fonctions qui modifient le comportement humain.

La théorie de la spécialisation hémisphérique

L'affirmation de la spécialisation hémisphérique des fonctions cognitives chez des sujets normaux apparut dans les écrits de Kimura dans les années 60. Pour les neuropsychologues, le concept de spécialisation signifie qu'une région spécifique du cerveau est responsable des performances d'une fonction cognitive spécifique ou d'un ensemble de sous-fonctions cognitives. Les neurophysiologues entendent par spécialisation, les propriétés différentes des cellules du système nerveux qui leur permettent d'apporter une réponse sélective (Efron, 1990, p. 4). La spécialisation hémisphérique entendue au sens que lui donne la neuropsychologie n'a été largement diffusée au public que très récemment (Golden, 1981) et, selon certains, de façon peu objective. Aussi, des auteurs recommandent-ils de garder une attitude critique à l'égard des résultats de la recherche.

Ainsi les deux hémisphères cérébraux, quoique quasi symétriques, sont spécialisés tout en étant interreliés. Le corps calleux semblable à un câble aux fibres multiples orientées vers chacun des hémisphères agit comme connecteur; ignoré des recherches en neurologie, il ne semblait pas jouer un rôle important dans le fonctionnement du cerveau, notamment dans les mécanismes déclenchant les activités supérieures de l'intelligence.

Au début des années 60, une révision assez profonde des théories sur le fonctionnement du cerveau fut entreprise. Il appartint au psychologue R.W. Sperry et à ses étudiants de réaffirmer le rôle de chaque hémisphère cérébral et de réhabiliter en quelque sorte l'hémisphère droit de même que le corps calleux que Lashley avait décrit en plaisantant comme devant être « surtout mécanique, c'est-à-dire empêcher les hémisphères de se balader librement à l'intérieur de la boîte crânienne » (cité par Dubé, 1986, p. 241). Le rôle du corps calleux dans le transfert des apprentissages est éclairé par Glickstein (1966, p. 490; cité par Dubé, 1986, p. 243) : « [...] le corps calleux peut être utilisé ou pour établir un engramme dans l'hémisphère contra-latéral aussi bien que dans celui qui reçoit l'information ou pour permettre au second hémisphère de lire des engrammes enregistrés dans le premier [...] », les engrammes étant les changements qui s'opèrent à la suite d'acquisitions. Les conclusions de Sperry à partir de la thèse doctorale de Myers approfondissent la compréhension du fonctionnement du cerveau :

> Vérifiant séparément les performances de chacun des deux hémisphères du cerveau, il constate que lorsque le corps calleux est coupé, les apprentissages adressés à un seul hémisphère ne sont pas transférés à l'autre. De fait, les deux côtés peuvent apprendre des solutions diamétralement opposées au même problème expérimental, de telle sorte que la réponse de l'animal dans une situation donnée dépend de quel côté le stimulus a été reçu par le cerveau. On dirait que chaque hémisphère possède une capacité mentale de fonctionner séparément sans tenir compte (pour dire vrai, avec un véritable manque de conscience) de ce qui se passe de l'autre côté. L'animal dont le cerveau a été sectionné se comporte comme s'il possédait deux cerveaux entièrement séparés. (Sperry, 1964, p. 41; cité par Dubé, 1986, p. 242)

Les recherches de Sperry, couronnées par le prix Nobel 1981, furent entreprises à l'Université de Chicago et poursuivies au California Institute of Technology auprès de patients épileptiques; les résultats renforcèrent la thèse de Myers. La séparation des hémisphères par le sectionnement du corps calleux révèle que les deux hémisphères du cerveau sont capables d'activités mentales d'un ordre assez élevé, mais de façon complémentaire. Les recherches répétées auprès de personnes dont le cerveau fonctionnait normalement ont confirmé les conclusions des travaux menés avec les épileptiques.

Si la spécialisation hémisphérique du cerveau n'a trouvé des appuis scientifiques qu'assez récemment, de nombreuses cultures avaient exprimé antérieurement leur croyance dans le dualisme de l'esprit humain en quête de savoir et Ornstein (Springer et Deutsch, 1989, p. 6) a établi les différences culturelles sur un plan physiologique. Le taoisme chinois attribue au yin et au yang une série de traits opposés : féminité et masculinité, négation et affirmation, lune et soleil, noirceur et lumière, souplesse et agressivité, côté gauche et côté droit, chaleur et froideur, automne et printemps, hiver et été, inconscient et conscient, hémisphère droit et hémisphère gauche du cerveau, émotion et raison (cité par Edwards, 1979, p. 34). Dans un contexte littéraire, la même idée est reprise par Claudel qui souligne les fonctions opposées d'*animus* et d'*anima*. Des idéologies politiques sont issues de la spécialisation hémisphérique; l'Amérique remet en question l'héritage du système d'éducation européen et l'accent qu'il met sur le développement de l'hémisphère cérébral gauche. Les tenants de la perspective dualiste y voient une explication aux différences entre les philosophies orientale et occidentale, entre les écoles de pensée qui ont perpétué les positions dichotomiques de Platon et d'Aristote : La connaissance est-elle acquise ou innée? L'environnement est-il plus déterminant que l'hérédité? Faut-il reconnaître l'empirisme ou l'innéisme, le behaviorisme ou le gestaltisme?

La théorie de la spécialisation hémisphérique a été étayée par la découverte de caractéristiques propres à chacun des hémisphères cérébraux. Pour Sperry (1961), l'hémisphère gauche est analytique, alors que l'hémisphère droit utilise des stratégies gestaltistes. Das, Kirb et Jarmin (1979) postulent que l'hémisphère gauche fonctionne de manière successive, alors que l'hémisphère droit effectue une opération mentale de façon simultanée (Horton et Wedding, 1984, p. 69). Goldberg et Costa (Springer et Deutsch, 1989, pp. 310-311) expliquent ces différences à partir de fondements neuroanatomiques. L'hémisphère droit est caractérisé par de plus grandes aires où le cortex est intégré et par plus de matière grise de sorte qu'il existe des connexions plus nombreuses entre les régions; l'organisation neuronale mettrait l'accent sur l'intégration interrégionale alors que dans l'hémisphère gauche, elle privilégierait une intégration intrarégionale. D'où pour l'hémisphère droit la capacité d'opérer dans la complexité informationnelle et de traiter plusieurs modes de représentation à l'intérieur d'une même tâche. L'hémisphère gauche serait supérieur dans les tâches requérant une observation détaillée utilisant un mode de représentation ou d'exécution simple et souvent répétitif.

Au-delà de la somme de traits antithétiques caractérisant les hémisphères gauche et droit, Ornstein a promu l'idée d'un mode de pensée distinct pour chaque hémisphère. L'hémisphère gauche, toujours culturellement dominant, s'adonne à des activités de type logique. Il analyse, c'est-à-dire qu'il décompose un tout en chacune de ses parties et étudie un ensemble dans la succession des éléments qui le constitue; il abstrait, c'est-à-dire qu'il sépare, isole, pour considérer un élément (qualité, relation) indépendamment de l'objet auquel il est uni dans la réalité, et qui ne se présente pas séparément; il calcule, activité qui, par excellence, est une création de l'esprit logique; il est conscient du temps, aspect qui peut expliquer des différences dans le comportement des individus; il planifie, c'est-à-dire que, maîtrisant en quelque sorte les contraintes du temps, il peut élaborer une suite ordonnée d'opérations; il verbalise, c'est, comme il a été établi, l'hémisphère où est localisé le centre de la parole. Le mode de pensée de l'hémisphère gauche est donc de type analytique, linéaire et séquentiel puisque les idées considérées distinctement sont aussi interreliées pour mener à une conclusion convergente — les idées pouvant être regroupées en séries. Essentiellement de type verbal, cet hémisphère peut quand même fonctionner en faisant appel à des codes autres que linguistiques; il est symbolique, le signe servant à désigner quelque chose. Enfin, c'est le mode de pensée dit objectif au sens cartésien du terme, soit une représentation ou un objet de l'esprit, et au sens courant, soit un rapport avec un objet, une réalité donnée.

L'hémisphère droit constitue l'autre versant pour appréhender le monde; grâce à lui, l'imaginaire est visible et le réel peut être ramené à la conscience. Qu'on se rappelle Proust qui, en décrivant la mémoire involontaire, explique comment des plages de la vie passée reviennent soudainement à la surface. Au dire de Golden (1981), la discrimination et le rappel du matériel non verbal (mélodies, teinte des couleurs, reconnaissance des visages) est le propre de cet hémisphère. Peut-être pouvons-nous trouver aussi dans les fonctions de cette partie du cerveau, un éclairage à l'« universelle analogie » dont parlait Baudelaire, puisque l'hémisphère droit organise les données en se basant sur les similarités structurales (Lezak, 1976). Une particularité de l'hémisphère droit étant le sens et l'orientation visuo-spatiale, il est en quelque sorte possible de voir comment les choses existent dans l'espace et comment les éléments sont interreliés en une unité. Les métaphores ne seraient pas alors si fortuites, les rêves incongrus et les nouveaux agencements d'idées dépourvus de sens. Ces trois derniers éléments : métaphores, rêves et agencements nouveaux sont reliés à l'hémisphère droit. Le geste qui amplifie et facilite la communication lui est aussi attribué. Analogique, relationnel et intemporel, voilà des épithètes qui toutes qualifient l'activité de l'hémisphère droit du cerveau. La connaissance intuitive relève de lui, connaissance d'ailleurs exaltée par certains philosophes :

> Par le combat entre l'intelligible et l'inintelligible, celui-ci se déchire par endroits. Cette fois, nous mordons dans l'existence brute. Le type de clarté et d'être qui s'exprime dans telle œuvre d'art réussit à illuminer les choses de la terre. L'œuvre d'art a le privilège de porter plus loin et plus profondément l'intelligibilité que ne le peut la « pensée » spéculative ou pratique, astreinte, elle, à vêtir un existant dont elle ne saurait saisir la substance. (De Waelhens, 1948, p. 290)

La dichotomie des deux hémisphères dans leur processus de pensée a donné lieu au concept d'hémisphéricité : chaque individu se référerait davantage à un mode de pensée ou à un hémisphère donné. Cette propension est reflétée par le style cognitif, la personne privilégierait une approche de résolution de problèmes. Ainsi l'aptitude à utiliser des démarches verbale et analytique est le signe d'une hémisphéricité gauche; la tendance vers les approches spatiale et globale dans le traitement de l'information dénote une hémisphéricité droite (Springer et

Tableau 1
Dichotomies caractérisant les hémisphères cérébraux

Hémisphère gauche	Hémisphère droit
Convergent	Divergent
Intellectuel	Intuitif
Déductif	Imaginatif
Rationnel	Métaphorique
Vertical	Horizontal
Discret	Continu
Abstrait	Concret
Réaliste	Impulsif
Dirigé	Libre
Différentiel	Existentiel
Séquentiel	Multiple
Historique	Sans fin
Analytique	Holistique
Explicite	Tacite
Objectif	Subjectif
Successif	Simultané

Source : Springer et Deutsch, 1989, p. 286.

Deutsch, 1989, p. 288). Le tableau 1 résume les dichotomies opposant l'hémisphère gauche et l'hémisphère droit dans leur façon d'accéder à la connaissance.

Cette description des caractéristiques cérébrales est-elle un produit scientifique ou l'effet d'une dichomanie? Pour Efron (1990, p. 65), la théorie de la spécialisation des hémisphères serait trop centrée sur l'axe droit/gauche d'une performance et ignorerait les autres axes possibles, aussi annonce-t-il une future théorie basée sur « *the scanning hypothesis* ». Pour l'auteur, l'activité du cerveau est un phénomène capricieux : une performance reconnue comme propre à un hémisphère peut passer à l'autre, dépendamment de variations légères dans les stimuli, les consignes ou autres paramètres de la tâche. De plus, de très grandes différences se manifestent entre les individus quant à des performances qui étaient censées être latéralisées, voire un manque de cohérence chez les individus eux-mêmes, selon le temps et les tâches. Enfin, il n'existe pas de théorie globale capable d'expliquer de façon satisfaisante les facteurs sous-jacents aux phénomènes observés.

Une autre voie se fait jour dans les recherches récentes et elle met l'accent sur une certaine flexibilité des deux hémisphères capables d'exécuter des tâches de façon moins cloisonnée. Dans l'ouvrage *Matière à pensée*, les auteurs Changeux et Connes (1989, p. 189) soulèvent la possibilité « que certaines représentations soient présentes simultanément sur chacun des deux hémisphères, ou qu'un transfert ait lieu d'un hémisphère à l'autre ». Il n'est alors pas impossible « qu'une représentation produite par un hémisphère soit modifiée, amplifiée ou atténuée par l'autre. Comprendre les relations entre hémisphère droit et hémisphère gauche est un problème très important ». L'équilibre hémisphérique tiendrait au rôle harmonisateur du corps calleux. Comme les accomplissements qui ont marqué notre civilisation requièrent l'activité des deux hémisphères cérébraux, Sagan (1977) affirme que la voie vers le futur dépend du corps calleux.

> Les recherches qui ont donné naissance aux quatre théories dominantes expliquant le cortex cérébral l'ont décrit comme « la structure responsable de la plupart des aspects suivants : langage humain, apprentissages complexes, pensée, connaissance, religion, guerre, poésie, musique, amour et haine » (Lindzey, Hall et Lothompson, 1978; cité par Horton et Wedding, 1984, p. 56). Elles ont voulu spécifier les fonctions propres au cerveau en général et à chacun de ses hémisphères en particulier. L'intérêt majeur réside maintenant dans la découverte de la façon différente dont chaque hémisphère cérébral doit être stimulé en vue du traitement de l'information. Ici se situent les incidences pédagogiques des découvertes de la neuropsychologie sur le fonctionnement du cerveau : à des façons différenciées de traiter l'information doivent correspondre des stratégies pédagogiques appropriées.

Rôle de l'école dans le développement des habiletés propres à chaque hémisphère cérébral

L'école d'aujourd'hui, si elle est sensibilisée à l'existence du mode de connaissance propre à chaque hémisphère du cerveau, n'est pas pour autant entraînée à tirer parti des ressources de l'un et de l'autre. Exploiter l'hémisphère droit alors qu'il n'est pas verbal, ne peut raisonner et ne sait procéder étape par étape, en commençant par le commencement, pose un défi pédagogique. La planification d'activités pour un mode de pensée capable de commencer n'importe où, de tout considérer à la fois, de saisir aussi bien la complexité des choses que leur singularité suppose des stratégies qui diffèrent de celles que les enseignants emploient couramment. On trouve dans l'enseignement de certaines disciplines, notamment les arts, des approches plus libres mettant à contribution le sens de l'invention, l'imagination, les habiletés perceptuelles, spatiales et la créativité. Cependant, dans l'ensemble des matières enseignées, il semble que l'on fasse confiance à une croissance naturelle ou au fruit de l'entraînement des habiletés verbales et analytiques, comme si rien n'avait été découvert et qu'on croyait toujours que l'hémisphère droit opère sous la dominance du gauche. En fait, l'imagination, tout comme la créativité, sont des plantes vivaces qui souvent survivent malgré les conditions climatiques peu favorables des classes. Mais qu'arriverait-il si l'école exploitait les données de la recherche, si fragiles soient-elles, dans la mise en place d'activités propres à stimuler chacun des hémisphères cérébraux dans leur spécificité?

Pour que l'école sorte de l'« âge de l'Académie » et embrasse une vision globale de l'éducation, les enseignants doivent adopter des approches pédagogiques plus compatibles avec le fonctionnement du cerveau dans sa totalité, approches que Racle (1983) a appelées : « La pédagogie interactive ». Les théories récentes, en mettant l'accent sur le rôle intégrateur du corps calleux et la spécialisation hémisphérique, promeuvent une pédagogie libérée de la dominance de l'hémisphère gauche sans toutefois donner dans l'antagonisme qui reconnaîtrait la toute-puissance de l'hémisphère droit. Une vision globale de l'éducation intègre le développement de l'intelligence sous toutes ses formes et la croissance de l'être humain tout entier. À cette fin, à partir des données de la recherche en neuropsychologie, il est possible d'inférer un certain nombre de principes applicables à l'action didactique, en général, et aux situations pédagogiques, en particulier. L'énoncé de principes concernant le fonctionnement de l'hémisphère droit fera l'objet d'une attention particulière, car l'école a un sérieux rattrapage à effectuer pour entrer dans la perspective holistique où l'activité de cet hémisphère est sollicitée.

> Parce que nous vivons dans un monde apparemment si ordonné et parce que la pensée logique de l'hémisphère gauche est tellement valorisée dans notre culture, graduellement nous étouffons, déprécions et attachons peu d'importance aux contributions de l'hémisphère droit. Ce n'est pas que nous cessions complètement de l'utiliser, mais il devient de moins en moins accessible à cause des habitudes établies. (Prince, 1978)

Quelques principes et règles pédagogiques induits de la neuropsychologie

Voici un ensemble de principes susceptibles d'éduquer l'être tout entier en considérant les spécificités hémisphériques scientifiquement établies.

- Le cerveau est l'instrument de base du comportement humain.
- Le développement des multiples dimensions de la personne — développement cognitif, affectif, social, moral, praxique, reli-

gieux et autres — relève du cerveau dans sa diversité et sa totalité; l'activité éducative doit donc intégrer les modes de fonctionnement de l'hémisphère gauche et de l'hémisphère droit.

- L'éducation n'est pas soumise au déterminisme biologique : la dominance hémisphérique pour un type d'activité peut être modifiée par l'acquisition d'une compétence à un haut niveau. Le rôle primordial revient à l'éducation. « Le cerveau adapte activement ses structures et fonctions à la nature de ses expériences sensorielles [...] La réalité dépend du système d'observation qui est déployé pour l'examiner et finalement de la conscience humaine elle-même. » (*Brain/Mind Bulletin*)

- Les stimuli mis en place lors de l'organisation des situations pédagogiques influencent de façon déterminante l'activité des hémisphères cérébraux; grâce aux stimuli, des aspects différents d'une même information peuvent être traités.

- L'école doit tenir compte de l'hémisphéricité ou du style cognitif des apprenants pour développer des apprentissages efficaces; ce principe suppose la capacité de poser un diagnostic adéquat et de doser l'alternance hémisphérique de façon à engager le cerveau dans sa totalité.

- L'école doit éviter la tendance simplificatrice quant à l'apprentissage : une option unilatérale soit pour la réduction, soit pour le globalisme, est limitative.

- L'éducation et les apprentissages s'exercent par le médium du langage, d'où son importance majeure. L'activité motrice joue aussi un rôle prédominant dans la localisation du centre du langage (Kimura et Archibald, 1974) et dans le développement du langage comme tel (Bruner, cité par Desrosiers-Sabbath, 1984, p. 36); l'action et l'évolution du jeu préparent l'émergence du langage.

Outre les sept principes généraux énoncés, la perspective globale comporte des règles concernant la régulation du programme d'études, la structuration des stratégies d'enseignement, les modalités d'évaluation et de diagnostic. Le programme d'études qui définit les objectifs, les contenus et les démarches d'apprentissage en cours dans l'école québécoise actuelle est héritier de la tradition qui a valorisé et valorise toujours la supériorité et le rôle quasi exclusif de l'hémisphère gauche dans l'apprentissage; il est de type scolaire. L'intelligence est appelée à traiter l'objet de connaissance de façon logique pour découvrir des concepts, des principes, des lois qui, par leur caractère général, instaureront la rationalité et la simplicité. Le programme d'études distingue nettement esprit et cerveau; conformément au dualisme cartésien, le primat est accordé à l'esprit, sans considération de l'apport des sciences du cerveau, ni de celui de l'hémisphère droit dans l'activité cognitive. Une orientation pédagogique qui fait place à la spécificité de l'hémisphère droit permet à l'intelligence d'intervenir non plus uniquement en profondeur, particularité de l'hémisphère gauche, mais aussi en extension, selon les déterminants biologiques de l'hémisphère droit. La configuration des cellules neuronales dans l'hémisphère droit est distribuée dans des aires plus étendues et cela contribue à un traitement de l'information de façon plus systémique, c'est-à-dire relationnelle et structurale. Les aspects du programme d'études qui font appel au mode de pensée de l'hémisphère droit présenteront des objectifs globaux, des contenus notionnels thématiques où les ensembles seront structurés horizontalement de manière à ce que les apprentissages puissent s'effectuer par saisies successives et non seulement par analyse dirigée. Le programme d'études qui sollicite le mode de fonctionnement propre à chaque hémisphère cérébral fait preuve de souplesse et propose une explication circulaire des phénomènes, c'est-à-dire une considération du tout et des parties. Il revient ensuite à l'enseignant d'exercer une saine gestion en ce qui a trait à ce programme dans la planification des stratégies d'enseignement et d'apprentissage.

Les stratégies qui prévalent dans le milieu scolaire accordent la priorité à la pensée logique dans un traitement séquentiel de l'information; l'enseignant est familier avec cette pédagogie inspirée d'un programme d'étude orienté vers la reproduction du savoir. On s'attardera donc ici aux caractéristiques des stratégies qui visent à déclencher l'activité de l'hémisphère droit pour appréhender l'objet d'apprentissage comme un tout. La syntaxe de la stratégie qui règle le déroulement des activités d'enseignement et d'apprentissage est caractérisée par des étapes ponctuées de façon peu directives, c'est-à-dire qu'elles sont rarement préordonnées d'après des unités préstructurées; la syntaxe peut ne comporter qu'une étape initiée par une mise en situation. Les stimuli privilégiés font appel à l'imagination, à l'émotion et non pas seulement à l'intelligence. Les questions ouvertes sont fréquemment utilisées et l'on vise avant tout au questionnement qui prend sa source chez l'apprenant lui-même. Pour le susciter, l'enseignant a recours à une pédagogie de résolution de problèmes basée sur le transfert des savoirs, des savoir-faire et des savoir-être. Parmi les théories sur le transfert, celle qui est communément actualisée est « la théorie de rapport » (*relationship theory*) héritée de la gestalt (Köhler, 1929), le transfert se fait par la compréhension des relations entre les faits, les processus et les principes (Sorin et Desrosiers-Sabbath, 1991). L'apprenant est appelé à interagir avec l'environnement global, il établit des relations multidimensionnelles avec l'objet à connaître ou à s'approprier par la résolution de problèmes. Le raisonnement déductif ou inductif qui caractérise le mode de pensée logique est remplacé par la démarche analogique où les choses peuvent être rapprochées, comparées et apprivoisées par leurs ressemblances, leurs différences et les images qu'elles évoquent. L'activité perceptuelle ne passant pas au crible de l'abstraction garde vivantes les traces de la réalité d'où elle est issue. L'organisation perceptive, selon l'explication de la phénoménologie, s'établit par saisies successives d'unités globales. L'émergence de la forme, ou les gestalts, contribue à l'élaboration de la connaissance et à la structuration des apprentissages. Point besoin d'ordre rigoureux ni de séquences rigides : la simultanéité des perceptions, l'activité multisensorielle, l'implication personnelle et subjective conduiront à des gestalts fort différentes de la perception contrôlée par l'analyse objective du réel.

Le principe d'action sur lequel se basera l'enseignant pour stimuler le mode de pensée de l'hémisphère droit découle de la spécificité même de cet hémisphère. L'enseignant fait appel à plusieurs sens; il encourage les points de vue divergents, il admet l'opposition. Plutôt que de choisir des normes externes et objectives pour évaluer les performances de l'apprenant, il opte pour des normes subjectives dans une perspective personnaliste de l'apprentissage. Dans l'ensemble, il est peu directif comptant davantage sur la facilité à motiver un individu dans un contexte pédagogique où l'on fait appel à la personne tout entière au cœur d'une réalité très incarnée.

La stratégie d'enseignement et d'apprentissage est appliquée dans le cadre d'un système social basé sur l'aptitude de l'hémisphère droit à fonctionner dans la complexité et à trouver un ordre dans le désordre apparent. Les activités d'apprentissage s'exécutent souvent en groupe parce qu'il est générateur de complexité et de divergence. La structure de régulation du travail est souple; les modalités des tâches et leur durée sont modulées par l'apprenant à partir de déterminants personnels; la gestion institutionnelle est assez permissive pour que le décloisonnement spatio-temporel et disciplinaire soit possible. Puisque la coercition est inhibitrice et que les émotions influencent l'apprentissage, le climat de la classe est donc chaleureux, empreint de sentiments positifs, d'amitié, de compassion, de détente et d'affabilité. En effet, selon les auteurs Frostig et Maslow (*Brain/Mind Bulletin*, vol. V, 1980), il existe des réseaux entre le siège des émotions et le cortex, même chez la personne qui croit que ses actions sont contrôlées uniquement par son intelligence. En somme, la rigidité et la routine sont peu compatibles avec l'activité de l'hémisphère droit car, biologiquement, il répond aux situations nouvelles pour lesquelles aucun système n'est apparemment disponible et non à des codes et schémas organisationnels en place : « *descriptive systems* » (Goldberg et Costa, 1981).

Le système de soutien, ou les ressources pédagogiques qui assistent l'enseignant et prolongent son action, bénéficie des données issues de l'observation du fonctionnement cérébral. Idéalement, l'enseignant dispose d'une variété de moyens auxquels il fait appel, car le principe du plaisir est un des plus puissants pour susciter et maintenir la motivation; cependant, dans la réalité, les écoles sont souvent mal équipées pour la stimulation de l'hémisphère droit, le matériel étant majoritairement au service de programmes trop exclusivement rationnels. Conformément à la spécialisation hémisphérique, on peut formuler des orientations pour l'élaboration et le choix d'un matériel pédagogique pertinent tout en gardant bien présent à l'esprit le principe selon lequel, normalement, les deux hémisphères travaillent ensemble, par l'intermédiaire du corps calleux. L'hémisphère gauche tire avantage d'un matériel qui utilise le langage, le droit aussi, surtout si les mots sont riches en sonorité, car alors ils évoqueront des images. L'hémisphère droit profite du support d'un matériel qui fait appel à la discrimination visuelle en l'absence d'information verbale comme dans les jeux de formes et les dessins. Les jeux d'association d'images sont construits pour stimuler chacun des hémisphères; l'association d'après la fonction est une propension de l'hémisphère gauche et l'association d'après la forme, de l'hémisphère droit. Les jeux éducatifs proposant des activités d'emboîtement, de sériation, de découverte des propriétés conviennent aux deux hémisphères; le droit apprécie davantage les ressources brutes et non dirigées, ou encore, l'agencement des couleurs et la sensibilité aux nuances. Un matériel exploitant l'analogie, la pensée métaphorique et la musique déclenche l'activité de l'hémisphère droit. En somme, le matériel pédagogique est susceptible d'orienter l'activité cérébrale dans un sens ou dans un autre, aussi, de façon générale, joue-t-il un rôle essentiel dans la stimulation et l'activité neuronale. Le développement du cerveau subséquent à la stimulation des sens est toujours un objet d'étude. Cependant, ce qui a déjà été découvert dans les recherches est indicateur du rôle irremplaçable de la stimulation, rôle assumé en partie par le matériel pédagogique s'il est pensé en tant que système s'harmonisant avec les autres composantes de la stratégie d'enseignement et d'apprentissage. Ces composantes étant des variables que l'enseignant fait interagir à sa guise, il importe qu'il objective les choix qu'il fait. À cette fin, l'évaluation représente un troisième volet de l'action didactique devant répondre à la vision globale de l'éducation.

L'évaluation et le diagnostic dans une perspective globale

Le mode d'évaluation des apprentissages qui apparaît le plus approprié à la perspective globale est la résolution de problèmes parce que la logique et l'heuristique y sont interdépendantes. Dans le milieu éducatif, la résolution de problèmes est appréhendée comme : « [...] un apprentissage qui implique des structures nouvelles aux niveaux de la situation, du processus ou de la solution, et qui met en jeu des connaissances, des habiletés et surtout des règles, apprises antérieurement mais mises en œuvre dans le but de produire une nouvelle capacité dépendante d'une nouvelle règle » (Sorin et Desrosiers-Sabbath, 1991).

Évaluer les produits de l'apprentissage par le biais de la résolution de problèmes requiert de l'apprenant plus qu'une simple régurgitation de ses connaissances, c'est une façon de mesurer l'activité de son intelligence que l'on définit maintenant comme la capacité de construire des réponses adaptées aux situations nouvelles. Dans ce contexte évaluatif, l'hémisphère droit est appelé à exercer son habileté pour la synthèse. Entendue au sens de Bloom, la synthèse est plus que la reconstitution fidèle des éléments isolés en cours d'analyse, ce n'est pas uniquement un processus logique; c'est la possibilité de découvrir de nouvelles relations entre des éléments divers afin de remplir une tâche; c'est la possibilité de discriminer parmi les connaissances déjà acquises, celles qui sont pertinentes à la solution d'un problème nouveau et de savoir les réorganiser à cette fin. En somme, la mesure de ce que l'élève sait est tempérée par l'appréciation de ce qu'il peut accomplir avec son savoir et avec les habiletés diverses qu'il a développées.

C'est dire que l'évaluation se fait à partir de critères autres que ceux utilisés pour vérifier les connaissances mémorisées. L'attribution des points, si les points sont nécessaires, peut être effectuée d'après les phases successives de la résolution de problèmes; elle peut reposer sur les connaissances apprises au cours du test; elle peut porter sur la flexibilité de la pensée qui a su trouver des rapports nouveaux entre les éléments du problème, qui a su intégrer les sous-ensembles selon une dynamique qui a indiqué de nouvelles pistes de solutions au problème envisagé. L'évaluation accordera plus d'importance à la fraîcheur de la pensée qu'au rappel des modes cristallisés d'appréhension des tâches en vue de la résolution de problèmes.

L'auto-évaluation est un deuxième mode d'évaluation à privilégier, car elle permet la continuité du processus d'apprentissage et engage la pensée divergente et convergente. Elle met en jeu la pensée évaluatrice dont parle Guilford dans son modèle de l'intelligence et comporte : la critique du produit; le choix de critères; le recours à des critères d'évaluation de divers ordres — satisfaction personnelle, produit de qualité d'après les normes en cours; la conscience accrue de la valeur du produit; la découverte de solutions ou de visées prospectives.

Le matériel pédagogique de Maria Montessori est une source d'inspiration pour bâtir des protocoles d'évaluation adaptés à une vision dynamique de l'intelligence et à une perspective globale de l'éducation. De plus, les artistes et les scientifiques créateurs présentent des aspects communs qu'il peut être intéressant de considérer. Selon Judith Wechsler, dans son ouvrage *On Aesthetics in Science* (1979), ils sont à la recherche de relations dans une perspective horizontale et ne se limitent pas à une analyse linéaire en profondeur; ils sont préoccupés par les façons multiples selon lesquelles l'harmonie peut se construire, ne se laissant pas emprisonner par les règles normatives et convergentes. Ainsi la règle de la symétrie qui a longtemps dominé les esprits n'est plus souveraine, ils cherchent la rupture qui offre de nouvelles perspectives. La pensée métaphorique est valorisée, car sa façon de prospecter l'environnement produit des données différentes de celles que fournit la pensée logique. La dimension spatiale associée à l'hémisphère droit est active chez l'artiste et le scientifique pour réordonner l'information ancienne de façon à lui donner un sens nouveau. Ces traits relèvent du même esprit qui a prévalu à la régulation du programme d'études et à la structuration des stratégies d'enseignement; il en ressort qu'ils doivent aussi être reflétés dans les activités d'évaluation.

Le diagnostic pédagogique est aussi influencé par la vision globale de l'éducation. L'analyse des acquis et la vérification des préalables cognitifs ne sont plus les seules données qu'il faille inventorier pour orienter l'action didactique. L'intégration d'élèves en difficulté d'apprentissage ou handicapés physiquement a forcé les enseignants à élargir leurs perspectives diagnostiques en tenant compte de l'éclairage qu'apporte la neuropsychologie.

Un article rappelant les travaux de Frostig et Maslow et intitulé « Teachers urged to understand brain processes » (cité dans *Brain/Mind Bulletin*, vol. V, 1980) examine certains aspects d'une grande pertinence pour les éducateurs. Il est question de l'interdépendance des fonctions psychologiques, de la place à accorder à la motricité dans l'apprentissage, de l'indissociabilité de l'émotion et de la connaissance, de l'importance pour l'élève d'être un apprenant actif et motivé, de la nécessité d'intégrer les divers modes de perception et des fonctions spécialisées des hémisphères cérébraux. Les auteures insistent sur les données de la recherche concernant des changements possibles dans les fonctions du cerveau, car là réside, notamment pour les éducateurs travaillant dans le secteur de l'adaptation scolaire, la motivation essentielle à une action pédagogique sans cesse à la recherche de solutions. À partir de cette conviction que des changements dans les fonctions cognitives sont possibles, Reuven Feuerstein (1980) propose une approche d'enseignement portant sur la modifiabilité cognitive structurale. Des auteurs font des recommandations aux enseignants œuvrant auprès d'enfants qui ont des difficultés ou handicaps particuliers; essentiellement, il s'agit de les rejoindre par l'hémisphère qui n'est pas affecté d'un trouble quelconque.

L'élève a-t-il subi des dommages à l'hémisphère gauche, alors :

- Ne surestimez pas les habiletés de compréhension verbale de l'élève.

- Utilisez les ressources visuelles et tactiles pour communiquer.

- Simplifiez la communication verbale et utilisez un volume vocal adéquat.

- Enseignez très graduellement.

- Donnez des rétroactions fréquentes.

Si c'est l'hémisphère droit qui est endommagé, alors :

- Utilisez des consignes verbales plutôt que visuelles.

- Donnez des points de références verticaux et horizontaux clairs.

- Enseignez très graduellement en faisant appel à des consignes verbales.

- Gardez le lieu physique bien éclairé et donnez à l'élève un espace où il peut se déplacer librement.

- Ne vous fiez pas trop à l'évaluation que l'élève fait de ses propres habiletés.

L'idée que des modes de connaissances différents caractérisent les fonctions hémisphériques du cerveau possède donc le dynamisme capable de révolutionner l'école. Ornstein, dans *The Psychology of Consciousness* (1977), s'est fait le promoteur énergique d'autres possibilités dans la façon d'envisager la connaissance en accordant une attention

particulière au mode de pensée de l'hémisphère droit. Avant lui, dès 1910, Aurobindo (cité par Bogen, 1975, p. 285) écrivait :

> L'intelligence est un organe composé de quelques groupes de fonctions divisibles en deux classes importantes : les fonctions et facultés de la main droite, les fonctions et facultés de la main gauche. Les facultés de la main droite sont englobantes, créatrices et synthétiques; celles de la main gauche sont critiques et analytiques [...] La gauche se limite à la vérité vérifiable, la droite saisit ce qui est encore évasif ou non vérifiable. Les deux sont essentielles à la plénitude de l'esprit humain. Ces fonctions importantes de la machine doivent atteindre leur développement le plus élevé et le plus raffiné pour que l'éducation de l'enfant ne soit ni imparfaite ni biaisée.

Les idées émises jusqu'ici concernant le rôle de l'école dans le développement des habiletés propres à chaque hémisphère cérébral sont demeurées générales et plutôt orientées vers la spécificité de l'hémisphère droit, compte tenu que c'est celui que l'école a le plus négligé. Existe-t-il une voie à explorer pour passer de la théorie à la pratique et faire appel à la pensée latérale ou à l'hémisphère droit du cerveau? La voie la plus apprivoisée par l'école, en ce qui a trait au mode de pensée de cet hémisphère, apparaît être la créativité. Bien qu'il n'existe pas d'évidence scientifique reliant la créativité à l'hémisphère droit, les hypothèses, en ce sens, méritent d'être explorées. Le questionnaire « Your Style of Learning and Thinking » qui mesure l'hémisphéricité, c'est-à-dire la dominance d'un hémisphère sur l'autre, a révélé des liens intéressants :

> [...] les scores sont en corrélation élevée avec les tests qui mesurent la créativité. Cela n'a rien d'étonnant si l'on considère les fondements logiques de ces tests. En tant qu'hémisphère caractérisé comme non verbal, l'hémisphère droit est vraisemblablement responsable de l'activité intuitive qui caractérise aussi la créativité. Selon cette ligne de pensée, un test mesurant la créativité reflètera le degré d'implication de l'hémisphère droit et, conséquemment, l'hémisphéricité.
> (Springer et Deutsch, 1989, p. 293)

Initiation à l'activité créatrice de l'hémisphère droit

Toute perception est une forme d'activité créatrice, selon Young (1978, p. 231). Regarder un paysage, assister à un concert ne consistent pas uniquement à recevoir des messages de l'extérieur. La perception des formes, des couleurs et des sons engage dans la voie de la création d'images à partir de quelques indices que les sens procurent. Cette perspective idéaliste très kantienne de l'unité de l'acte perceptif, par opposition à l'explication classique reposant sur la succession des impressions sensorielles, introduit justement le caractère créateur de la perception. Cette activité perceptive est-elle bien différente de celle de l'artiste? L'œuvre artistique nous touche parce que l'activité créatrice qu'elle comporte est de même nature que celle qui marque la vie de tout humain; l'artiste a tout simplement choisi de mener à un niveau de perfection, les constructions perceptives que nous élaborons tous et cela chaque jour.

À l'école, l'enseignement améliore la qualité des perceptions, d'une part, en s'appuyant sur les capacités créatrices qui sont innées chez les humains, et, d'autre part, en mettant tout en œuvre pour contrer les inerties qui paralysent l'activité perceptive. Parmi celles-ci, il faut compter l'habitude qui fait écran à l'attention sélective, la routine qui privilégie le coutumier ou le déjà vu et entendu, la passivité qui engourdit l'acuité sensorielle de sorte que le réel n'impressionne plus, puis l'ignorance de l'hémisphère droit du cerveau et de sa façon bien particulière d'être activé en vue de constructions perceptives créatrices.

Les trois activités suivantes invitent le lecteur à s'adonner à des expériences où ses perceptions habituelles et possiblement routinières seront changées en perceptions vives et créatrices, grâce au travail de l'hémisphère droit. Le texte présente aussi des réalisations d'étudiants adultes à qui les mêmes activités ont été proposées[1].

Activité 1

1re partie : Dessiner en faisant appel à l'hémisphère droit

Voici une activité pour vous, enseignants, et pour vos élèves; elle est inspirée de l'ouvrage de Betty Edwards, *Drawing on the Right Side of the Brain*. Essentiellement, il s'agit de mettre en veilleuse l'hémisphère généralement dominant : le gauche, appelons-le Stéphane, et de faire

---

1. Activités proposées par Rachel Desrosiers-Sabbath dans le cadre du cours Créativité et éducation, maîtrise en éducation, Université du Québec à Montréal.

travailler l'hémisphère droit que nous nommerons Dominique. Nous demanderons à Dominique de dessiner et, pour ce faire, de tirer profit de son sens de l'espace et du réel en oubliant totalement les règles que Stéphane voudrait lui imposer. Dominique devra être vigilant pour éviter la domination de Stéphane, car celui-ci va sûrement tenter de mettre un frein à son expression libre et lui laisser entendre que ce qu'il fait est complètement dépourvu de maîtrise, de logique et qu'il perd son temps en s'adonnant à l'activité qui lui est proposée. Les recherches en neuropsychologie ont déjà souligné que l'hémisphère gauche s'efforce de rationaliser l'information que le droit seul a recueillie et cela de façon erronée (Springer et Deutsch, 1985, p. 36). Donc vigilance!

Voici la description de l'activité. Vous allez dessiner votre main. Scrutez-la comme au microscope : son contour et ses moindres détails; procédez lentement, sans tension, centimètre par centimètre; laissez les messages sensoriels s'inscrire en vous. La perception de votre main transformera les indices des sens en images créatrices. Ce sera alors le moment de laisser votre crayon dessiner. N'essayez pas de contrôler votre crayon pour traduire de belles formes, disciplinez l'hémisphère gauche de votre cerveau en l'obligeant à la passivité. Gardez votre œil fixé sur votre main, attentif aux images qu'elle éveille. En fait, ne regardez pas votre dessin car ce serait une occasion de donner prise à Stéphane et de décourager le travail de Dominique.

Il faut prévoir au moins vingt minutes pour cette activité. Comme Dominique n'est guère habile à tenir compte du temps et que, par contre, vous ne voulez pas faire intervenir Stéphane, réglez une minuterie pour la durée de l'exercice. Fixez votre feuille à dessin sur votre table, afin de n'avoir pas à la replacer, et asseyez-vous en direction parallèle à votre table afin de ne pas voir la feuille et de vous centrer uniquement sur votre main. Si vous êtes droitier, vous dessinez votre main gauche et si vous êtes gaucher, votre main droite.

Allez-y, c'est une occasion de capter une image complètement nouvelle et unique de votre main. Pour une fois, donnez la chance à vos perceptions visuelles de s'exprimer sans la dominance des règles que la logique impose la plupart du temps. Laissez travailler Dominique, votre hémisphère cérébral droit!

Exposition des œuvres signées Dominique

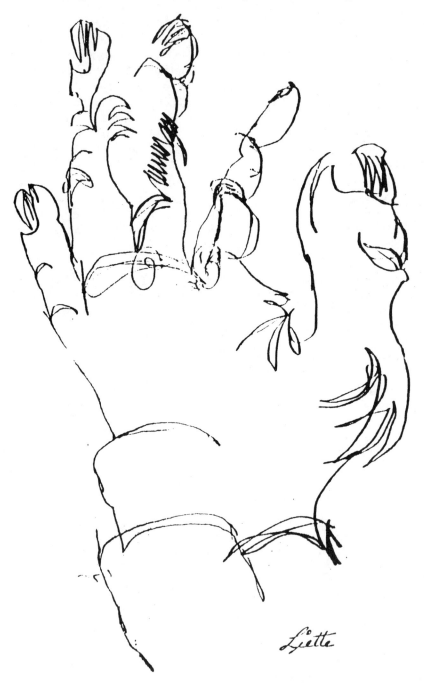

Liette

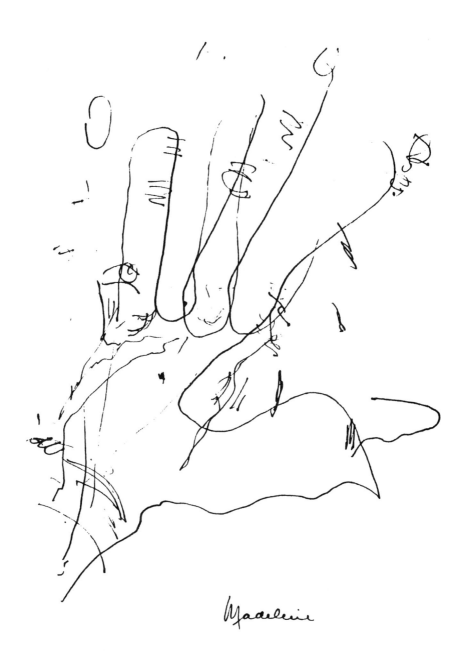

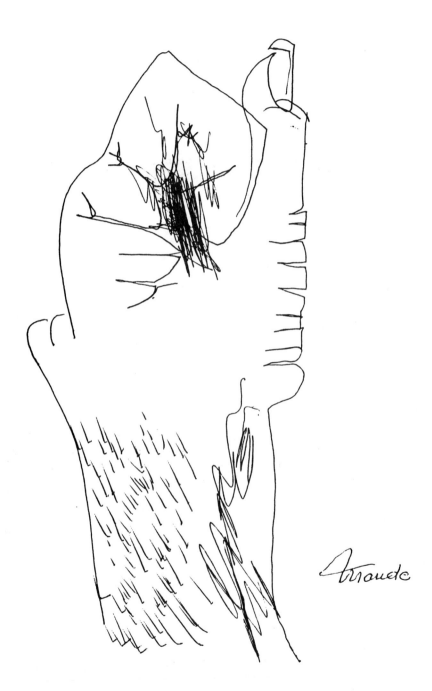

2ᵉ partie : Écriture automatique

Utilisez l'écriture automatique pour traduire les impressions qui naissent de l'observation de votre dessin et de l'exposition des œuvres signées Dominique. L'écriture automatique est une libération incontrôlée, très impressionniste, des images, idées, sentiments ou émotions qui vous envahissent, sans souci des règles de la logique et de l'esthétique.

Une équipe peut s'adonner à l'écriture automatique par le « jeu du cadavre exquis ». On fait circuler une feuille blanche et chaque participant écrit ses impressions en une phrase, une expression ou des mots ; il plie la partie écrite et passe la feuille à un voisin. La succession des impressions constitue ce que les surréalistes ont appelé le « jeu du cadavre exquis ». Voici deux jeux réalisés après avoir observé des dessins exécutés avec l'hémisphère droit lors du cours Créativité et éducation.

JEUX DU *CADAVRE EXQUIS*

L'arbre tordu de la vie	Il faisait tellement beau
Arbre généalogique	Les lignes sont la vie
Les oiseaux et les nuages font bon ménage	Le fil qui se promène, conduit, rassemble
La fraîcheur et la chaleur du temps	Toutes les pièces du casse-tête qui ne fait qu'un
Et vogue, vogue mon cerf-volant	Puissance et légèreté
Agression	Autant en emporte le gant
La folie me rend gris mais aboutit	Signe de longévité et d'amour
Détails imperceptibles	L'immonde bête velue
Fermeté	Et les poissons nageaient, nageaient…
	La colère après un rendez-vous manqué
	Texture et petites mouches
	S'envolent et quittent leur nid
	Ne laissant que la mémoire de leurs présences

3ᵉ partie : Du *Cadavre exquis* au texte créatif

Après cet exercice d'écriture automatique sous la forme du « jeu du cadavre exquis », les étudiants récupèrent les éléments qui les inspirent et rédigent un texte créatif.

Le matériel produit de façon irrationnelle par l'hémisphère cérébral droit est organisé avec l'aide de l'hémisphère gauche en vue de la production d'un texte intelligible et harmonieux.

Voici quatre productions issues de la démarche de l'activité dans son ensemble.

Il faisait tellement beau.

Il y avait une fraîcheur mêlée à la chaleur du temps.

Je marchais en pensant à tout et à rien.

Soudain, ce temps splendide me prit dans une sorte de rêve, et je vis un cerf-volant voguer à coup de vent puis s'approcher des tisserins.

Aussitôt, ceux-ci pris de panique s'envolèrent en quittant leurs nids juchés sur l'arbre généalogique.

Ces oiseaux ne laissèrent en moi que la mémoire de leur présence.

À les observer de loin, ces oiseaux et les nuages faisaient bon ménage : car ils ne faisaient qu'un.

Cette folie de leur départ ne rendit pas gris le paysage, mais aboutit à faire croire à une sorte d'agression qui n'est qu'un détail imperceptible.

Les amis partis, je me retrouvais seul, assis sous l'arbre tordu de la vie.

Je contemplais le fil qui se promenait dans le feuillage et qui conduisait aux lignes vitales, signes de longévité et d'amour. Brusquement, pris de colère, après ce rendez-vous manqué, j'ai rassemblé toutes les pièces de mon cerf-volant avec fermeté en me disant : autant en apporte mon gant. Cependant, peu à peu, je revins à moi.

Mais dans mon imagination, je voyais encore des poissons qui nageaient et nageaient avec une puissance et une légèreté familières. Ce fut un véritable casse-tête.

Achi

Rêves ... signes de longévité? d'amour?

Un chance qu'il y a des nuits!

Une chance qu'on est samedi!

Et vogue, vogue mon cerf-volant... Oiseaux et nuages font bon ménage.

Je restais là, étendue. Il faisait tellement beau!

J'essayai de rassembler toutes les pièces du casse-tête :

« suivre les lignes... arbre... vie... ». Détails à peine perceptibles...

– C'est ça! « Suivre les lignes! » qu'il m'avait dit...

Et puis, pouf! Ne m'a laissé que la mémoire de sa présence.

Et c'est ça... Essaie de comprendre, toi!

Une nuit, deux nuits et puis trois, à rêver : le même rendez-vous manqué, le même gnome, le même sourire, les mêmes yeux. À répéter les mêmes messages...

Comme si rêve et réalité ne faisaient plus qu'un!

– Oh! puissance et légèreté, venez à mon secours!

Délivrez l'immonde bête velue qui hante mes nuits, qui agresse mes jours!

– Mais voyons, puissante Lucie, les rêves s'envolent et quittent leur nid. Autant en emporte le gant. Tu saisis et relâches... Tu es bien maître de les comprendre comme tu l'entends. Texture et petite mouche se demandent-elles ce qu'elles font gravées sur l'arbre tordu de la vie?

Lucie

Il fait tellement beau...
la fraîcheur du lac, la chaleur du temps,
les oiseaux et les nuages faisaient bon ménage.
Et les poissons qui nageaient, nageaient,
et moi qui t'attendais assise au bord de l'eau.

La texture du sable sous mes pieds,
les petites mouches qui venaient me chatouiller,

je t'attendais adossée à un arbre d'une grande beauté,
au tronc et aux branches tordus par la vie.

Au creux d'une de ces branches,
une maman oiseau était affolée...
ces petits venaient tout juste de s'envoler, de quitter leur nid,
pour aller jouer dans les nuages.
À la mère, il ne restait que la mémoire de leur présence.

Ce grand spectacle sous mes yeux révélait puissance et légèreté,
signe de longévité et d'amour.
Amour, amour...
Oh, comme tu me manquais !

Tout à coup, comme une agression,
la peur que tu ne viennes est vite venue m'envahir,
un peu comme un fil qui se promène au-dedans de mon être,
et qui tranquillement me conduit,
à travers des détails imperceptibles,
vers ma folie.

Cette folie qui rend gris
et qui toujours, après un rendez-vous manqué,
aboutit à la colère.

Ce sentiment qui m'envahit,
ce monstre, cette immonde bête velue,
m'agresse, m'emprisonne, m'étouffe,
comme un gant trop serré.

Il faisait tellement beau !
Où sont les lignes, où est le fil qui ramènera
à la vie, à ma joie ?

Au loin, un enfant joue au cerf-volant.
Enfin ! je l'aperçois ce fil,
et comme un signe, je le suis.
L'enfant heureux, m'invite,
l'enfant généreux, me le prête, son fil...

Et vogue, vogue mon cerf-volant,
et les poissons nageaient, nageaient,
et les oiseaux chantaient, chantaient,
Il faisait tellement beau...

Marie

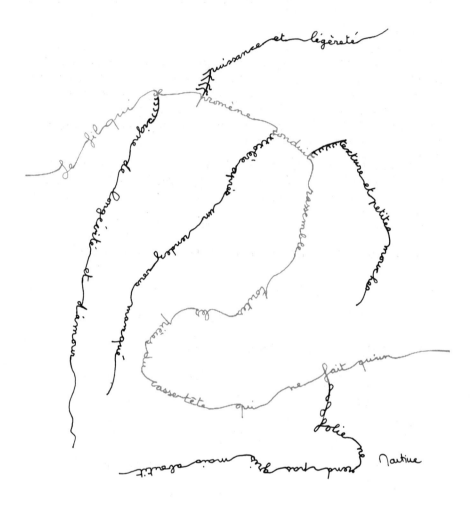

    Une deuxième activité à double volet vous est maintenant proposée; elle introduit un ensemble de concepts reliés à la créativité. Vous aurez à associer les concepts à la façon de l'hémisphère droit dans un premier temps, puis, d'après les règles qui régissent l'activité de l'hémisphère gauche. Ces concepts seront explicités dans les chapitres traitant des théories, modèles et stratégies de créativité propres à stimuler le mode de pensée de l'hémisphère droit.

Activité 2

1ʳᵉ partie : Association libre de concepts

Il y a vingt-six concepts présentés en vrac ci-dessous et tous sont reliés à la créativité. Dans un premier temps, nous vous demandons de faire appel à Dominique, l'hémisphère cérébral droit, et à sa façon de fonctionner afin de créer des associations libres entre les mots de votre choix ; laissez-vous guider par votre intuition ou par l'expression automatique et mettez-vous à l'œuvre.

Maintenant que vous avez associé librement ces concepts, lisez le récit de l'expérience vécue par deux étudiantes à qui la même tâche a été présentée et les associations libres auxquelles elles se sont adonnées.

UNE POIGNÉE DE CONCEPTS RELIÉS À LA CRÉATIVITÉ

fluidité   illumination   efficacité

gestalt   capacité innée

incubation   liberté d'expression

psychanalyse   tolérance à l'ambiguïté

interpersonnalisme   actualisation de soi

originalité

pensée convergente   préparation

élaboration   don mystérieux

psychopathologie   imagination

associationnisme   traits et facteurs

ouverture à l'expérience   pensée divergente

sécurité psychologique   auto-évaluation

existentialisme

flexibilité

DES ASSOCIATIONS LIBRES DE CONCEPTS

« Ex trait d'un curriculum vérité » raconte l'expérience de Maryse, auteure du texte « Dé lire » écrit conformément aux directives de l'activité : *Association libre de concepts.*

Ex trait d'un curriculum vérité

En sortant du cours Créativité et éducation, il n'y avait qu'une voie disponible à la sortie du pont Jacques-Cartier, ce qui a dû me désorienter car j'ai pris la mauvaise route. Allais-je trop vite? Étais-je distraite? Certes, j'avais l'esprit ailleurs : je pensais au travail à faire pour le cours. Il me semblait que je devais avoir une idée immédiatement, sinon… Trouver d'abord, chercher ensuite.

J'ai essayé de comprendre ce qui se passait. Ça m'angoissait, j'ai remis en cause le fait de suivre un cours si loin, si tard le soir. Quelle en serait l'utilité puisque dès la sortie du premiers cours, j'étais incapable de retrouver mon chemin. (Évidemment, je ne connais pas très bien la ville de Montréal et ça m'énerve!) Je me sentais stupide et j'avais peur de ne pas avoir suffisamment de temps pour préparer mon travail. Pas un manque de temps réel, mais une absence d'idées dans ce temps. Je me sentais en régression, en dé/pression.

Épuisée, je me couche dès mon arrivée à la maison.

Je me réveille vers trois ou quatre heures du matin, incapable de me rendormir. Pour le travail d'associations libres des concepts, une, que dis-je, des idées surgissent et se précipitent dans ma tête. Il fallait que j'écrive un texte et tout de suite avant que je n'oublie les mots. Ne voulant réveiller personne, je prends les petits papiers de calepins sur mon bureau et je commence à écrire.

« Tu ne dors pas », me dit Claude!

« Mais non, je n'arrive pas à dormir. »

Ce n'était pas le temps de m'interrompre, il me semblait que je n'aurais pas assez de temps et pas assez de papier pour tout écrire. Tous les mots se bousculaient et ça voulait s'écrire. Je savais que je n'aurais pas pu dormir tant que ça n'aurait pas été fini. Et essayer malgré tout m'aurait fait perdre tout le texte et les nombreux sens que les mots représentaient. Une partie de moi-même parlait et je devais la laisser dire.

Et c'est ainsi que « Dé lire » est né.

Je me suis recouchée. Combien de temps ai-je dormi? Aucune importance. La prochaine fois que ça voudra dé/lire ou dé/penser, je me
laisserai aller à cette expérience qui libère.

J'ai vécu l'expérience en trois temps :

– Stimulation, défi à relever et temps d'angoisse dominante, de dépression, de régression, tentative de fuite, idée ailleurs, perte du chemin,
fatigue réelle, sommeil...

– Le réveil et un état de fébrilité avec ou hors contexte ou en partie
(travail de la semaine).
Concentration, obsession. Action, agitation psychique, perte de la
notion de temps. Le fruit étant mûr, il y a peur de perdre les mots,
le droit de dire ou le moment de dire, l'idée, l'esprit, l'association,
la globalité, le recul, l'« être », la partie de moi-même qui veut
s'écrire avant de se re/pauser.

– Écrit du « vécu émotif » du bouleversement, des sensations, des
sentiments et des émotions.

À mon avis, il y a eu plus qu'une ouverture à l'expérience, c'était un
abandon.

Maryse

Dé lire

Les mots sont-ils (porte)urs d'odeur, de saveurs?
(Sûre)ment! A(mère)ment!

Psychanalyse = chicane. À fuir, à ne pas parler, ne pas (abord)er,
Tabou, Freud, Jung, chicane, un cercle vicieux, pathologie,
dis<u>cours</u>, jeu, non logique, et le délire...
Évaluation. Non. Rejet. Valeur.
　　　Qui? Quoi égale valeur, note, bonus, production, efficacité?
« Être » ou ne pas être, voilà LA VRAIE question existen<u>CIEL</u>!

Les mots m'habitent et les maux qu'ils me causent aussi. Loin de moi
les maux imposés.

Que m'a-t-on obligée de lire et mon délire, lui? toujours ba|fou|é
remonte du continent noir de la nuit, de la forêt silen|cieuse|... mais
plus vivant, plus illuminé qu'en plein jour...
plus fort de son re|fou|le|ment, de sa magie in(soupçon)née...

Lorsque j'ai quitté le sup posé lieu du savoir (ça voir), j'ai perdu ma route. J'étais entre deux mondes. Les créateurs suivent-ils un itinéraire? Dieu ne suit aucun cours et il les possède tous.

Tout est présent en lui, en nuit, en ébullition.

Qui osera réveiller ce loup solitaire? L'in son dé comme un somme nambule (bulle) sort du rêve et travaille sa ré alité hors du lit, dans les ténèbres. Le créateur est seul, il se materne, il est sa propre mère, il se nourrit de lui-même parce que sa source est iné pui sable. Les sons, les bruits, les odeurs, les visions, les sensations, les émotions, les mots et les maux...

Ne resterait-il que notre enveloppe charnelle pour sentir et notre esprit pour souffler... rien ne nous empêcherait de v ivre !

Insuffler la vie puisque la créature l'apporte (la porte) en elle et toutes ses œuvres crient sa marque, son nom, son passeport pour l'éter nité...

Le dé lire, mon bien -aimé, mon AmaDeus, ma folie, mon é qui - libre,
ma sur vie.

Il est Dieu, il est moi, toi, nous. Il est le tout, la totalité, la globalité, l'inn omm able, l'ab sent et le présent, le monde...

A re lire
dans l'ordre ou le désordre

Maryse

L'auteure de la deuxième association libre des concepts relatifs à la créativité exploite les relations spatiales plutôt que verbales. Voici le témoignage de Martine

J'ai associé les mots d'après leur disposition dans l'espace. J'ai formé des bulles qui se côtoient et qui englobent trois à cinq mots chacune.

Puis, j'ai sorti les mots qui avaient une connotation rébarbative pour moi; je les ai emprisonnés dans un cadre rigide et ils forment une espèce de grille qui se plaque sur les bulles et les tient ensemble.

Je suis retournée à l'intérieur de chaque bulle pour vérifier si les mots y formaient des ensembles harmonieux.

Ma préférée contient les mots « don mystérieux, élaboration, originalité, pensée convergente ». C'est dans celle-ci que j'éprouve le plus de bien-être en passant d'un mot à l'autre.

Quand je faisais de la création textile, j'ai réalisé un ensemble de pièces tissées, où j'ai essayé d'illustrer les impressions laissées par des mots.

J'ai extrait de *Cent ans de solitude* de G. Garcia Marquez les phrases les plus évocatrices pour moi et je les ai traduites par des associations de couleurs.

Martine

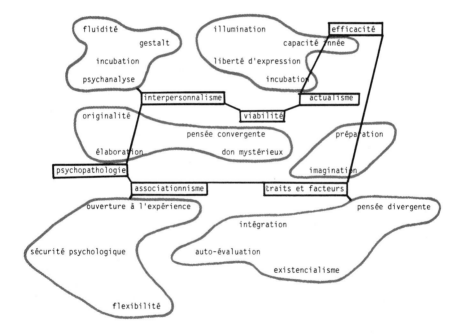

Martine

2ᵉ partie : Association logique de concepts

Pour mieux comprendre l'orientation particulière de chaque hémisphère cérébral, confiez maintenant à votre hémisphère gauche, Stéphane, la tâche de regrouper les mêmes concepts que précédemment, selon une démarche logique. Pour faciliter votre travail, voici quelques pistes de regroupement des concepts en six catégories. Formez vos catégories en utilisant les cases blanches réservées à cette fin, à la page suivante.

La première catégorie a trait aux diverses façons d'expliquer le phénomène de la créativité à travers les âges. Repérez les concepts répondant à cette catégorie et inscrivez-les dans l'espace approprié.

Dans le corpus des vingt-six concepts, sans doute reconnaîtrez-vous certains traits ou facteurs qui, selon plusieurs chercheurs, caractérisent tout produit créateur. Regroupez ces éléments.

Vous connaissez le partage dichotomique de Guilford concernant les modes de pensée liés à la créativité. Relevez les deux concepts qui répondent à ce partage.

Les recherches mettent en évidence un ensemble de dispositions personnelles ou d'attitudes favorables à l'activité créatrice. Sauriez-vous en trouver cinq dans la liste et les inscrire?

Il n'existe pas de schéma conceptuel de la créativité; les théories prolifèrent issues de courants philosophiques, psychologiques et psychanalytiques. Relevez ces courants qui tentent d'expliquer le phénomène de la créativité.

Le processus de la créativité apparaît assez mystérieux. Comment la personne crée-t-elle? Y a-t-il des phases dans le déroulement de l'activité créatrice? Quoique très obscur, le processus semblerait caractérisé par quatre phases. Pouvez-vous reconnaître et ordonner ces phases du processus de la créativité?

Vérifiez vos regroupements des concepts à partir du corrigé qui suit.

LE REGROUPEMENT LOGIQUE DES CONCEPTS RELIÉS À LA CRÉATIVITÉ

Façons d'expliquer le phénomène de la créativité	Caractéristiques, traits ou facteurs de la créativité	Modes de pensée liés à la créativité	Dispositions ou attitudes favorables à l'activité créatrice	Courants philosophiques, psychologiques et psychanalytiques expliquant la créativité	Phases de l'activité créatrice

LE REGROUPEMENT LOGIQUE DES CONCEPTS RELIÉS À LA CRÉATIVITÉ   (Corrigé)

Façons d'expliquer le phénomène de la créativité	Don mystérieux	Capacité innée	Actualisation de soi	Psycho-pathologie		
Caractéristiques, traits ou facteurs de la créativité	Fluidité	Flexibilité	Originalité	Imagination	Efficacité	
Modes de pensée liés à la créativité	Pensée convergente	Pensée divergente				
Dispositions ou attitudes favorables à l'activité créatrice	Ouverture à l'expérience	Tolérance de l'ambiguïté	Auto-évaluation	Sécurité psychologique	Liberté d'expression	
Courants philosophiques, psychologiques et psychanalytiques expliquant la créativité	Psychanalyse	Associationnisme	Gestalt	Existentialisme	Interpersonnalisme	Traits et facteurs
Phases de l'activité créatrice	Préparation	Incubation	Illumination	Élaboration		

Activité 3 ⎯⎯⎯⎯⎯⎯⎯⎯⎯⎯⎯⎯⎯⎯⎯⎯⎯⎯

À la découverte de votre hémisphère dominant

La troisième activité vous propose d'associer les images ci-dessous. Chaque image présentée dans la rangée du haut doit être reliée à l'image de la rangée du bas qui semble le mieux convenir.

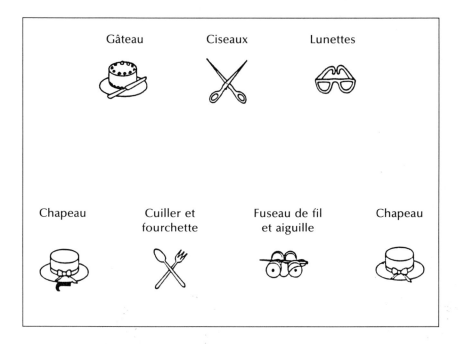

Jerre Levy (Springer et Deutsch, 1989, pp. 55-56) a sélectionné les images précédentes; elles peuvent être associées à partir de leur fonction (implication de l'hémisphère gauche) ou de leur apparence (implication de l'hémisphère droit). Il voulait vérifier sur quelle base reposeraient les associations faites par des patients dont le cerveau avait été sectionné. Dans votre cas, le matériel vous permettra avant tout de découvrir votre hémisphère dominant. Levy a conclu que la stratégie employée par l'hémisphère gauche dans le traitement de l'information est surtout caractérisée par l'analyse, alors que l'hémisphère droit semble opérer d'une manière holistique.

Consultez le corrigé suivant. Si vous associez les choses d'après leur forme ou apparence, votre hémisphère droit domine; si vous les

associez à partir de leur fonction, votre hémisphère gauche est dominant.

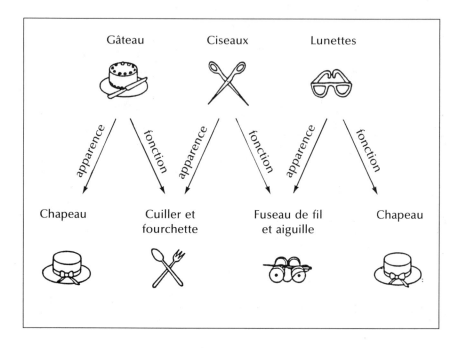

Les considérations théoriques et les activités qui précèdent avaient pour
but de distinguer les fonctions de chaque hémisphère cérébral, d'éveiller celles de votre cerveau droit en particulier et de vous engager à
« la conquête de l'irrationnel », selon l'expression de l'artiste Salvador
Dali (1935). Avant de pénétrer plus à fond aux sources de la créativité,
les réflexions de critiques de l'œuvre de Marc Chagall citées par Mar-
cadé (1988, pp. 55-56) constitueront une entrée magistrale au cœur
du surréel et de l'irrationnel.

Chagall, selon Georg Schmidt, n'a jamais abandonné le paradis
du dessin pré-naturaliste de l'enfant : même l'école n'a pas réussi
à l'en faire sortir! Chagall n'a jamais commis le péché originel,
il n'a jamais succombé à la tentation d'un art fondé sur la connaissance de la réalité extérieure » (Chagall, 1959, p. 116).
« Chagall est un homme qui s'est établi en plein cœur, au plus
intime du monde, en relation amicale avec tous sans exception »
(Brion, 1968, p. 328). Jacques Maritain parle de « l'obsession
pour le miracle et la liberté, l'innocence et la communication
fraternelle entre toutes choses » (Chagall, 1959, p. 290).

> Bachelard souligne les contrastes paradoxaux de l'œuvre de Chagall où « le dynamisme et l'inertie sont liés » (Chagall, 1959, p. 326). Jean Cassou relève « l'universelle analogie » de l'œuvre : « Pour l'esprit religieux de Chagall, toutes choses dans l'univers sont interreliées, toutes sont une [...] L'amour est la force motrice de cette active et universelle solidarité » (Chagall, 1959, p. 338). Jacques Lassaigne (1968, pp. 6-8) écrit : « Il y a peu d'artistes dont le dessin est aussi spontané, aussi non-étudié, aussi expansif [...] C'est vraiment le geste primaire, la recherche du contour défini, le débordement de la sensibilité [...] Chagall déteste la virtuosité; chacun de ses dessins est une atteinte à l'éloquence ». Les critiques de l'œuvre de Chagall l'on qualifiée « d'alogique », de fantastique et d'irréelle. Pour Chagall (1959, p. 348) : « Tout notre monde intérieur est réel, peut-être même plus réel que le monde des apparences.

Faire appel à la pensée latérale ou à l'hémisphère droit du cerveau, ce serait donc pouvoir accéder à notre monde intérieur, là où des pans de notre vie sont gardés comme à l'état pur, là où « l'universelle analogie » règne, là où la spontanéité, la fantaisie et la liberté ne sont pas ostracisées. L'école doit se mettre à la conquête de cet univers qui trop souvent sommeille chez l'élève, le lui révéler et lui inculquer le sens du travail, de la discipline propre à mener les intuitions premières vers leur achèvement.

Chapitre 2

Stratégies pour activer
l'hémisphère cérébral droit

Les trois stratégies d'enseignement qui sont présentées dans ce chapitre décrivent la façon dont l'ensemble des variables de situations éducatives ont été mises en interaction pour faire appel à la pensée latérale ou à l'hémisphère droit. L'objectif de la première stratégie est d'amener un jeune élève de 10 ans présentant des difficultés d'apprentissage en expression écrite, à vivre une expérience positive et libératrice. La deuxième stratégie a été planifiée de façon à intégrer quatre disciplines à l'intérieur d'une approche thématique. Cette expérience s'est déroulée en 5ᵉ année du primaire, à l'école Le Plateau. La troisième stratégie vise la solution d'un problème lié à l'apprentissage de la lecture. Les trois stratégies ont été planifiées à l'intérieur d'un cours sur les *Modèles d'enseignement*[1] et expérimentées par les étudiantes dans leur milieu de travail respectif.

Stratégie d'écriture créatrice (Boucher-Tessier, 1986)

Voici le rapport de la première expérimentation menée par l'ortho-pédagogue en français, en charge du jeune garçon que nous appellerons Martin. La stratégie, bien que visant à déclencher l'expression écrite de Martin par des activités créatrices, a impliqué tout le groupe-classe.

---

1. Cours EDU 7400, Modèles d'enseignement, programme de maîtrise en éducation, Rachel Desrosiers-Sabbath, professeure, Département des sciences de l'éducation, Université du Québec à Montréal.

La situation de départ

Le développement de la stratégie a été précédé du diagnostic de la situation de départ du sujet, soit de Martin; un ensemble de données personnelles, sociales, scolaires et situationnelles ont été relevées en vue d'orienter le choix des objectifs didactiques à réaliser et la planification de la stratégie.

Les données personnelles

Martin est un garçon de 10 ans, âge moyen pour un élève de 4ᵉ année. Il est le cadet d'une famille de 2 enfants; son frère, qui a 13 ans, représente pour lui un modèle difficile à imiter. De multiples frustrations en découlent et appauvrissent son image de soi entraînant chez Martin un repli et un blocage dans l'expression de son vécu. Martin n'a pas d'amis en dehors de l'école; la maison familiale est située trop loin des voisins pour que Martin puisse s'y créer des amitiés; il joue donc avec son frère et écoute la télévision. Il ne lit pas beaucoup et son milieu familial ne le stimule pas tellement. Il aurait voulu pratiquer le karaté, cependant sa mère considère qu'il a besoin de tout son temps pour réussir à l'école. Elle lui fait plutôt entrevoir les cours de karaté comme une récompense reliée à de bons résultats scolaires.

Les parents acceptent Martin tel qu'il est, mais ont plutôt tendance à le surprotéger. Martin a été adopté vers l'âge de un an. Déjà, il avait subi de mauvais traitements. Lorsque les parents l'ont recueilli, ils ont dû faire preuve de beaucoup de patience. Martin a eu un développement lent. Ce qui frappe surtout, c'est son faible degré de communication avec les membres de sa famille. Seule, la mère parvient, après de multiples tentatives, à lui faire exprimer ce qu'il ressent. Tout le temps que Martin garde une émotion négative, sa capacité de « présence » et d'écoute se trouve de beaucoup diminuée. De plus, ses réactions sont de type agressif. Un problème à l'oreille droite a occasionné une perte d'audition importante. Son vocabulaire se retrouve appauvri et entrave l'apprentissage du français.

Martin a été évalué par la psychologue scolaire peu avant l'expérimentation. Son potentiel n'est pas très élevé et sa mémoire est faible. Il présente des problèmes de concentration et des difficultés à s'impliquer, à s'organiser. Au niveau du langage, préciser sa pensée s'avère pénible. Il a démontré peu de fantaisie; rien de divergent n'est apparu, quoique les situations ne faisaient pas spécifiquement appel à la créativité. Dans le domaine de la résolution de problèmes, ses ressources ne sont pas ressorties. Son habileté analytique est faible, il peut être

« perdu » ou ne s'en tenir qu'à une piste. Cependant, comme les carences dominantes se rattachent à l'hémisphère gauche du cerveau : langage et écriture, pensée logique, et que la plupart des apprentissages scolaires s'adressent à cet hémisphère, peut-être qu'une stratégie qui stimulerait l'hémisphère droit du cerveau donnerait de bons résultats.

Les données scolaires

Martin a bénéficié des services en orthopédagogie dès la 1re année. Déjà, sur les rapports d'évaluation apparaissaient les remarques suivantes : problèmes d'audition, manque de confiance en lui, attend beaucoup de l'adulte, parents conscients des problèmes de leur fils, s'exprime très peu. Les résultats en français se trouvaient nettement en-dessous de la moyenne : français écrit 60/75, savoir lire 59/74. En 2e année, les résultats paraissent encourageants : français écrit 64/74, savoir lire 70/78. Puis en 3e année, on notait une chute surtout au niveau du français écrit. Martin fonctionnait difficilement en classe et manifestait beaucoup d'opposition et d'agressivité. Les moyens utilisés n'apportaient pas de résultats. Vers la fin de l'année scolaire, il fut décidé de procéder à une évaluation psychologique dès septembre, suivie d'un plan d'action très serré et de rencontres avec les parents. Les objectifs que l'institutrice et l'orthopédagogue fixèrent pour guider les progrès de Martin en français écrit, 4e année, se formulaient ainsi : continuer d'améliorer les connaissances de Martin en français écrit, et lui permettre de s'exprimer par l'écrit. Jusque-là, Martin fournit des textes pauvres où il se contente d'aller au strict minimum. Les habiletés sont à un niveau extrêmement bas, c'est-à-dire une faiblesse quant au choix des informations (quantité, pertinence, mots choisis riches et précis); à l'organisation des informations (ordre logique, chronologique, introduction, conclusion, découpage des paragraphes); au lien entre les informations (suffisance de liens utiles, absence de liens non pertinents); à la présence des référents correctement utilisés.

Somme toute, il eut été logique de s'attaquer à ces carences; les objectifs privilégiaient plutôt « l'expression » chez Martin, c'est-à-dire la manifestation de la pensée, du sentiment par la « parole » écrite. Que Martin « ose » sa propre parole sans craindre le ridicule, le rejet et sans répéter ce que dit l'adulte.

Les données situationnelles

Depuis le début de sa 4e année scolaire, Martin « semble » avoir créé de bonnes relations avec son institutrice. Au cours des années précédentes, il fonctionnait souvent par opposition et se faisait fréquemment remarquer par ses comportements négatifs. L'institutrice a été consultée pour discuter du plan d'action précis élaboré par l'orthopédagogue et la psychologue. Pour éviter les occasions d'affrontement avec Martin et l'accepter comme il est, l'enseignante a donc renforcé tous les comportements et apprentissages positifs de Martin. Elle a utilisé une attitude rassurante d'aide et de support dans les difficultés que Martin rencontrait.

La mère a été contactée à plusieurs reprises par l'institutrice pour permettre une collaboration fructueuse et satisfaisante. De plus, une rencontre a été planifiée afin d'expliquer les moyens utilisés à l'école pour aider Martin. D'autres moyens (supports du plan d'action) ont été suggérés à la mère pour permettre de fonctionner d'une manière plus harmonieuse et rentable lors des travaux à la maison (devoirs-leçons).

L'institutrice a accepté le projet d'écriture créatrice qui devait être expérimenté dans sa classe par l'orthopédagogue. Elle a eu besoin d'être rassurée sur le calendrier, les liens avec le programme de français, les questions d'organisation. Comme tout était respecté, les portes de la 4e année étaient ouvertes à la créativité. L'institutrice considère que son groupe est assez « riche », mais plutôt dans le sens de ce qui est conforme à l'esprit d'un programme d'études préoccupé de l'acquisition du savoir. Les élèves qui réussissent bien (c'est-à-dire dont les résultats scolaires sont bons) sont des élèves dont la pensée est plutôt convergente; leur créativité est latente, c'est-à-dire peu développée, peu activée.

Les données sociales

Les données quant au milieu familial de Martin proviennent des seuls témoignages de la mère. Celle-ci demeure à la maison. Le père ne s'est jamais présenté à l'école pour quelque rencontre que ce soit. Depuis que Martin fréquente l'école, la mère est intervenue à quelques reprises par des conversations téléphoniques, pour défendre son enfant : problèmes dans l'autobus et dans la cour de récréation. Elle exige beaucoup de compréhension de l'institutrice; c'est pourquoi elle tient toujours à rencontrer l'institutrice de l'année en cours pour « présenter » son fils. L'an dernier, Martin n'aurait pas fonctionné à cause de problèmes de relation avec son institutrice, selon la mère.

Cette année, la mère commence à vouloir laisser son fils expliquer lui-même ses problèmes et à tenter d'y apporter des solutions. Elle est maintenant consciente d'avoir trop fait à sa place et elle considère que cela lui a nui. Cependant, elle a encore des difficultés à lui faire confiance de même qu'au milieu scolaire. En fait, elle tente de s'assurer que tout se passera bien. Comme elle craint le retour d'attitudes défensives de la part de Martin, elle cherche à minimiser les quelques problèmes qu'il a vécus depuis le début de l'année scolaire. Les parents ne sont pas mis au courant du projet d'écriture créative. Martin sera encore suivi en individuel pour « mieux répondre » aux objectifs des activités pédagogiques de sa classe. Les ateliers de créativité se feront à d'autres moments, par l'orthopédagogue, avec tout le groupe de la classe de 4e; toutefois, elle accordera une attention spéciale à Martin.

L'environnement scolaire immédiat de Martin, sa classe, compte vingt et un élèves. C'est un groupe « facile », en ce sens qu'il n'y a pas de perturbateurs et peu d'enfants en difficulté et la moyenne des résultats scolaires est plutôt élevée, ce qui en fait un groupe fort. Les élèves sont ouverts, positifs et encouragent les efforts des autres; le climat d'entraide, de coopération est présent; il y a une bonne compréhension interpersonnelle favorisant des expériences de partage. Le sens communautaire se perçoit dans la vie quotidienne et la participation de tous et de toutes est constamment encouragée.

Les enfants sortent de la classe pour venir en orthopédagogie. Il y a toujours collaboration étroite entre l'institutrice et l'orthopédagogue. Ce qui se fait en orthopédagogie comme activité est souvent renforcé en classe. La porte est toujours ouverte pour permettre à l'enfant « suivi » de présenter ce qu'il vient de préparer en atelier d'orthopédagogie. Cette année, seul Martin bénéficie de services en orthopédagogie, et ce, en français écrit.

Pour compléter le diagnostic de la situation de départ, un questionnaire a été présenté à la classe vérifiant le degré de créativité des élèves. L'orthopédagogue s'est inspirée de Guilford (1977) pour rédiger les questions qui ont été présentées aux élèves et a insisté sur le fait qu'il n'y avait pas de bonnes ou de mauvaises réponses, pas d'évaluation au bout. Il fallait considérer l'activité comme une sorte de jeu. La correction du questionnaire a révélé plusieurs réponses non significatives. Martin se situait parmi les élèves dont la moyenne de créativité était inférieure.

Le questionnaire de créativité

1. Dessine un animal qui n'existe pas. Écris ce qu'il fait de différent.

2. Invente différentes significations (sens) pour le mot « vol ».

3. Dessine plusieurs suites avec ces quatre formes (un matériel est distribué).

4. Dessine un M majuscule à l'endroit et un autre à l'envers. Les deux doivent se toucher.

5. Écris une liste de choses impossibles à faire.

6. a) Quelle phrase préfères-tu? Invente un signe pour indiquer laquelle tu choisis.
   - Une équipe joue au ballon avec un pied
   - Un morceau d'ameublement copie des notes.
   - Une pelouse saute dans les airs.

   b) Inventes-en une toi aussi.

7. Trouve un mot que tu connais, déplaces-en les lettres pour créer un nouveau mot. Donnes-en le nouveau sens.

8. Place toutes ces lettres pour former trois dessins différents. (Tu peux grossir ou diminuer les lettres.)

   H   E   B

9. Quels objets pourrais-tu dessiner à partir de ces deux formes? (un matériel est distribué)
   Écris-les. (Tu peux les dessiner.)

10. Que dirait une personne qui serait menteuse et fâchée?

11. Regroupe quelques-unes de ces lettres et écris pourquoi tu as fait ces regroupements.

    X   E   N   O   C   T   H   B

12. Regroupe quelques-uns de ces noms et écris pourquoi tu les as regroupés.

    1. Alain   5. Bertrand
    2. Jean-François   6. François
    3. Amélie   7. Anne
    4. Christine   8. Champion

13. Regroupe certains mots selon leur signification (sens).

    1. rouge-gorge   5. guêpe
    2. avion   6. couteau
    3. bateau   7. alligator
    4. baleine   8. fantôme

14. Quelle est ta couleur préférée? Pour quel objet voudrais-tu changer la couleur et lui donner ta couleur préférée?

15. Voudrais-tu être... Dessine ta réponse.

1. un serpent	5. une fourmi
2. un zèbre	6. une maison
3. un chemin	7. un arbre
4. un lion	8. une rivière

16. Écris plusieurs titres à cette histoire.

Monsieur Ver Lapêche participe au concours « du plus gros poisson pêché ». Mais le poisson qu'il a pêché était vraiment trop petit! Pensant qu'il n'avait aucune chance de gagner, il l'a fait cuire et l'a mangé. Lors du concours, aucun poisson n'avait été pêché. Monsieur Lapêche, n'ayant aucun poisson à montrer, a perdu le prix de 200 $.

La stratégie qui a suivi le diagnostic devait donc rejoindre Martin par l'intermédiaire de son groupe-classe et susciter sa créativité en stimulant celle du groupe. Ainsi, il serait possible de compter sur la multiplicité d'idées et la variété des réactions de la classe pour déclencher la fluidité et la flexibilité créatrice de Martin, d'encourager la diversité des émotions afin de libérer celles de Martin, de faire une première prise de conscience collective du processus créatif et de permettre à Martin d'actualiser ses possibilités créatrices. L'expérience s'avérerait-elle signifiante et libératrice? Les activités de stimulation de la pensée latérale en vue de l'écriture ont comporté huit séances d'une durée de une heure chacune : une période consacrée au diagnostic, six périodes d'entraînement à la pensée métaphorique par le jeu analogique et une période finale d'évaluation de la créativité.

La syntaxe de la stratégie ou le déroulement des activités

Une stratégie qui fait appel à l'hémisphère droit du cerveau doit explorer l'imaginaire, l'analogie, la subjectivité, le fonctionnement horizontal, la divergence ou encore l'intuition. Il s'agit d'un entraînement à un mode de traitement de l'information autre que logique; il faut susciter l'émotion, faire appel à des approches irrationnelles, en somme, activer les fonctions préconscientes du moi plutôt que les fonctions conscientes.

1re période : Exercices d'assouplissement

Trois tâches successives ont été proposées : une activité perceptive par le dessin de la main (voir chapitre premier, première activité), une activité automatique de libération — dessiner une tache rouge non figurative, une activité d'écriture à partir du stimulus peu directif : « Elle était rouge… ». L'activité d'écriture servira de prétest. À la huitième rencontre, la tâche initiale d'écriture sera reprise et ce post-test permettra d'évaluer le progrès du groupe et de Martin en particulier, en expression écrite créatrice. Au prétest, trois élèves sur vingt et un ont démontré leur créativité et cela à divers niveaux. Martin n'a pu structurer un texte, il s'en est tenu à une énumération. Voici son texte corrigé pour l'orthographe, la ponctuation et la mise en page.

Elle était rouge.
Une montre rouge.
Un feu.
Une télévision.
A une radio.
A un tapis.
Un lit.
A une lampe.
Un soulier.
A un crayon.
Une règle.

2e période : Jeu des analogies directes

Les trois travaux exécutés durant la première période sont remis aux élèves. Sur les feuilles des deux dessins (main, tache), l'orthopédagogue, qui agit comme enseignante dans cette stratégie, a écrit l'analogie directe qu'elle y voyait. Ceci sert d'amorce à la compréhension du sens du mot « analogie ».

  Les élèves sont appelés à produire des analogies à partir du dessin de leur tache rouge. À quoi elle ressemble : elle est « comme »… Martin a participé au jeu des analogies comme les autres élèves, levant la main plus d'une fois.

Une tache rouge comme…

une feuille chiffonnée	* une oreille d'éléphant	* un trèfle porte-chance
un château écrasé	une pieuvre-tentacules	* le sac du Père Noël
* des cheveux mêlés	un nez dégonflé	un palais de la couleur d'une pomme
* un ballon dur	* un arbre brisé	
* un lac	* de la vase	
* une piscine	* une bosse	* un lit
* la crinière d'un lion	une étoile écrasée	* du sang
* une tresse	* un fantôme	* aspirateur

* une gomme à effacer	* une oreille	une flaque d'eau colorée
une fleur chiffonnée	* un pays	un nuage à pattes
* une crête d'un coq	* un nuage	* une carotte
	une oreille en chou-fleur	* un chemin qui mène au lac
	un lac fleuri	un ballon tordu
		etc.

La caractérisation du type d'analogie par le mot « directe » a été introduite par l'enseignante. Les élèves résument leurs idées sur le sens de l'analogie directe en disant que « c'est comme ce qui existe ». L'enseignante vérifie la compréhension.

QUESTION : Est-ce qu'on serait capable de dire quelles analogies de la liste sont les plus directes?

Les analogies relevées sont marquées d'un astérisque sur la liste.

QUESTION : Comment peut-on appeler celles qui sont moins directes?

RÉACTION : Une élève propose « indirecte ».

AMORCE : Que diriez-vous si on les appelait « bizarres »? On pourrait considérer cinq niveaux de bizarreries, comme des marches; plus on monte et plus c'est bizarre. D'accord?

3e période : Jeu des analogies personnelles

Pour introduire l'analogie personnelle, l'enseignante entre dans la classe en agissant comme si elle était un ballon. Elle joue devant les élèves. Ceux-ci sont surpris, s'étonnent et sourient.

QUESTION : M'avez-vous reconnue? Qu'est-ce que j'étais devenue?

RÉACTION : La réponse fuse de partout.

QUESTION : Savez-vous comment on appelle cette analogie, car c'est une analogie? (L'enseignante écrit au tableau : analogie PERSONNELLE.) Auriez-vous le goût de devenir quelque chose d'autre, comme je viens de le faire?

À cette étape, l'enseignante enrichit le jeu de l'analogie personnelle en faisant appel à la technique de l'heuridrame que Provencher (1987,

p. 153) définit comme un regroupement du jeu de rôle, de la simulation, de l'expression corporelle, de la pantomime et *alter ego*. Les élèves choisissent dans la liste des analogies directes, celle qu'ils vont devenir; le jeu de rôle favorise l'identification corporelle, verbale et émotionnelle avec l'analogie choisie. Le succès du jeu de l'analogie personnelle repose sur la capacité d'empathie du sujet. Aussi l'échange qui suit habituellement l'heuridrame, et qui comprend deux volets, n'a pas eu lieu dans l'expérience relatée. L'heuridrame amène l'individu, dans un premier temps, à se livrer à son jeu de rôle avec la seule préoccupation de devenir ce avec quoi il a choisi de s'identifier; dans un deuxième temps, le groupe « spécule sur l'échange qui se produit entre le sujet qui se livre à l'heuridrame et les membres du groupe » (Fustier, M. et B., 1982, p. 58). Le joueur explique comment se vit sa condition nouvelle et il appartient aux membres du groupe de relever les idées fructueuses pour l'objet de la recherche.

Cette étape du jeu des analogies personnelles a été pour Martin un véritable catalyseur de ses capacités expressives. Quand vint son tour de devenir l'analogie qu'il avait choisie, il plongea rapidement, sans hésitation, dans la peau de son personnage. « Moi je vais t'étriper. » Il regarde vers le haut, le corps replié avec les genoux fléchis. « Tu vas me lâcher! » Le ton monte. On sent qu'il n'y a aucune réaction de celui (?) à qui il s'adresse. « Il est têtu. » Il se contorsionne. Il crie : « Lâche-moi! » Mouvements des yeux; il regarde à gauche, puis à droite. « Je vais rester ici. » Il s'adressait en tant que gomme à effacer à Mikaël un élève de la classe. Pour apprécier l'analogie personnelle, on doit vérifier l'implication empathique, c'est-à-dire l'identification. Martin s'est adonné à une identification empathique tant émotive que kinesthésique avec un objet non vivant : une gomme à effacer.

4e période : Sens des analogies conflictuelles

Amener la classe à saisir le jeu des analogies conflictuelles ne fut pas simple. Après échange, recherches dans le dictionnaire, les élèves résument le sens du mot « conflictuelles » par « chicane et bataille ». Faire saisir comment deux idées qui s'opposent, ou sont en conflit, peuvent se réconcilier, c'est-à-dire se justifier, voilà une tâche difficile. Il s'agit en effet du concept de paradoxe dont la complexité est grande et la fécondité reconnue par des cultures diverses au cours des âges. Une référence familière est sans doute le discours des Béatitudes, dans la Bible. Ainsi, un énoncé qui contredit le sens commun est paradoxal. « Rien n'est plus drôle que le malheur », écrira Beckett (cité par Simon, 1986, p. 309).

Pour initier les enfants au jeu, des exemples leur furent présentés et ils devaient trouver un sens aux paradoxes, en les comparant à quelque chose qui les justifie. Au paradoxe « la flamme nourrissante », un élève trouve l'analogie de l'amour : « C'est comme dans ton cœur; tu aimes c'est la flamme et ça te nourrit ». L'analogie conflictuelle « le destroyer sauveur de vie » est justifiée par la comparaison avec un vaccin. Enfin, pour encourager les enfants, l'enseignante déroule, sous leurs yeux étonnés et rieurs, une feuille blanche qui couvre la largeur du tableau et étale, en des couleurs vives et variées, les analogies directes et personnelles produites par la classe. À la prochaine rencontre, on y ajoutera leurs analogies conflictuelles.

5ᵉ période : Jeu des analogies conflictuelles

À partir des analogies inscrites sur la feuille couvrant le tableau, les élèves apparient des idées paradoxales. L'enseignante initie le jeu en réunissant « œuvre d'art barbouillée », « magané et plein de vie ».

QUESTION : Trouvez un contraste à « musique harmonieuse ».

RÉPONSE : « Musique harmonieuse et ça me casse les oreilles. »

L'envol est maintenant donné. Les analogies conflictuelles s'enchaînent : « J'ai le vertige même si je suis sur le plancher des vaches », « Je suis sur le sol et ma pensée vole ».

AMORCE : Vous allez maintenant choisir une analogie directe ou personnelle parmi la liste et me donner des idées très conflictuelles. Je vais les ajouter à la liste.

Partant de la chaîne inspirée des apports de Martin : « La tache comme une gomme à effacer ratatinée », le mot « ratatinée » est sélectionné par les élèves. On accole donc ce mot à une série de mots avec lesquels il entre en conflit :

château	***	bloc appartement
ballon dur	**	souliers à talons hauts
plaque de fer aplatie		chien (idée de Martin)
roche		école
tableau		porte
ballon dégonflé		chien chaud
****** grand, grand monsieur		
livre de maths		
******* ligne droite		

Les analogies conflictuelles qui présentent le plus d'éloignement ou de bizarrerie aux yeux des élèves sont : grand, grand monsieur ratatiné; ligne droite ratatinée, bloc appartement ratatiné et souliers à talons hauts ratatinés. Les astérisques indiquent la répartition des choix. Les élèves justifient en quelque sorte ces analogies conflictuelles fortes, en trouvant une analogie directe qui amenuise la distance. Les effets visuels créés à la télévision sont une source inspiratrice : le grand grand monsieur ratatiné, c'est celui qui raccourcit progressivement comme par magie; le bloc appartement qui est secoué et s'écroule sous le choc du marteau mécanique est ratatiné; la ligne droite ratatinée, c'est comme un reptile qui se replie; enfin la dame toute chic avec ses souliers à talons hauts qui ratatinent provoque l'hilarité de tous.

Le jeu a-t-il permis au groupe de découvrir toute la fécondité d'une analogie conflictuelle bien frappée? Entendons le témoignage d'un élève habituellement peu communicatif et peu souriant : « Là, je commence à comprendre. Au début, je n'aimais pas tellement ça, ben un peu, mais là, je trouve ça l'fun ».

6ᵉ période : Tâche initiale révisée. Écriture créatrice

AMORCE : On a fait du bon travail ensemble. Croyez-vous qu'on a développé notre imagination, notre créativité? Au début, on a dessiné notre main, une tache rouge, on a écrit « Elle était rouge... » Depuis, on a appris à faire des analogies directes, personnelles et conflictuelles. Tout ça aide à développer nos idées, notre imagination et notre créativité.

Je vais vous demander de faire le même travail que lors de la première période. Vous rédigez un texte commençant par « Elle était rouge... » Je veux vérifier si votre texte sera différent après l'entraînement aux jeux analogiques. Vous avez au tableau la feuille des analogies. Servez-vous en.

Les principes d'action de l'enseignante

Une stratégie suppose, outre le déroulement ordonné des activités d'enseignement et d'apprentissage, un ensemble de principes que l'enseignant actualise par le rôle qu'il tient. Ici, le plan d'action qui a été concerté répond aux principes suivants :

- Mettre tout en œuvre pour susciter les états psychologiques favorables à la créativité et, pour ce faire, percevoir les résistances des élèves à jouer le jeu de la fantaisie.

- Se montrer irrationnel et participer aux jeux analogiques.

- Stimuler tous les participants, y compris ceux qui ont peur de laisser libre cours à leur fantaisie.

- Utiliser la non-pertinence, la fantaisie, les jeux de mots, les symboles.

- Éviter la censure, l'évaluation, la correction des idées émises; accepter toutes les réponses.

- Renforcer les exemples bizarres, inusités et absurdes.

- S'intéresser à chaque participant.

Le système social

Le système social, élément majeur de toute stratégie, dépend de la relation pédagogique qui est instaurée. La stratégie a été modérément structurée : l'enseignante a introduit et dirigé la séquence d'activités, l'usage des mécanismes opérationnels; cependant, les discussions, la participation étaient vraiment libres, chaque élève pouvait exprimer sa pensée. La relation entre les élèves a été empreinte de respect pour les idées émises; l'écoute était active et intéressée; la coopération existait. Dans ce contexte, Martin a eu une participation soutenue, ses idées étaient bien reçues du groupe. Les activités se sont déroulées en grand groupe, sauf pour quelques entraînements spécifiques à l'analogie personnelle où le groupe a été scindé.

Le système de soutien

L'entraînement à l'écriture créatrice par le jeu des analogies n'a nécessité aucune ressource très sophistiquée. La richesse de l'expérience dépend des idées de tous les élèves, de leur participation dynamique et de la qualité de leur écoute. L'engagement personnel de l'enseignante dans les jeux est une ressource majeure, de même que ses aptitudes à la créativité. Enfin, un grand tableau noir ou l'équivalent est important pour garder les traces de l'investigation analogique.

L'évaluation de la stratégie par l'enseignante

Conformément aux attentes, la richesse du groupe d'élèves s'est manifestée : la multiplicité des idées et la diversité des émotions ont favorisé le processus créatif. Pour la plupart des élèves (17 sur 20, soit 85 %), le texte final comporte des éléments créatifs et, dans tous les cas, il est supérieur au premier. L'évaluation s'est faite à partir du schéma opérationnel des critères de créativité (Desrosiers, 1975) qui sera présenté ultérieurement.

Les objectifs spécifiques fixés pour Martin ont-ils été atteints? A-t-il développé sa capacité d'expression créatrice? Un premier indice de l'effet positif de la stratégie sur Martin, c'est sa participation active à toutes les étapes du jeu analogique, son engagement émotif dans le jeu de l'analogie personnelle et surtout l'écart entre les textes initial et final. Le premier texte de Martin est une énumération décousue, fondée sur le réel; tout est transparent, banal et rigide. Le deuxième texte a été rédigé en 15 minutes. Après 10 minutes, Martin a écrit une phrase. L'enseignante lui demande s'il peut compléter. Il le fait et remet un texte fort différent du premier.

> Elle était rouge...
> Comme une vieille table rouge
> mais on l'avait peinturée blanche.
> Mais elle était très malheureuse.
> Un jour on l'a peinturée rouge
> et elle était très contente.
> Et elle sourit à tout le monde.

Le texte comporte surtout l'expression de sentiments : « malheureuse », « contente », « sourit à tout le monde ». L'analogie personnelle est sous-jacente : Martin s'est presque identifié à la table. Cependant, le texte se situe dans le réel : une vieille table rouge que l'on a peinturée blanche et par la suite rouge. Le texte est totalement transparent, mais il s'éloigne légèrement de la banalité; une table malheureuse qui devient contente et sourit à tout le monde, cela fait preuve d'une certaine originalité. Il faut surtout remarquer que le texte est intégré, ce qui le démarque nettement du texte rédigé au début de l'expérimentation. Martin est parvenu à s'exprimer par le moyen de l'écriture, à s'impliquer personnellement à travers la métaphore choisie : la table.

La stratégie d'écriture créatrice élaborée à partir du jeu analogique s'est avérée une piste intéressante en rééducation du langage écrit chez Martin, et pour le développement de la créativité de l'ensemble des élèves de la classe qui ont participé à l'expérimentation. Reste à définir comment l'orthopédagogue adaptera les jeux aux besoins de Martin, sans le support du groupe-classe. Certes, l'approche du jeu analogique peut aussi faire partie de la panoplie de l'institutrice; bien des élèves sont rejoints par cette démarche. La flexibilité de l'approche permet de l'utiliser pour formuler des hypothèses, renouveler la vision ou la compréhension d'une réalité familière et aussi pour appréhender quelque chose d'inconnu. La deuxième expérience qui suit illustre l'utilisation de l'analogie, recherche de ressemblances et de différences, comme un moyen d'apprivoiser l'inconnu. L'enseignante qui a mené l'expérience a adopté une approche thématique et interdisciplinaire, selon un programme d'études ouvert à l'activité de l'hémisphère cérébral droit. C'est dire que l'analogie n'a souvent comme seule limite que l'imagination même de l'enseignant.

Stratégie d'intégration des disciplines (Rousseau, 1986)

Le projet vécu par un groupe d'élèves de 5ᵉ année du primaire a pour sujet la *commedia dell'arte*, un thème de la *Symphonie des cinq sens*, manuel de français de 5ᵉ année; il vise l'intégration du français, de l'expression dramatique, de la musique et des arts plastiques. Le jeu analogique est utilisé pour l'exploration d'un sujet non familier. Il s'agit de faire découvrir aux élèves ce qu'est la *commedia dell'arte*, cette forme particulière de théâtre du XVIIIᵉ siècle. La stratégie diffère donc quelque peu de l'expérimentation précédente qui portait sur la création; elle s'en distingue aussi à cause de la personnalité différente des enseignantes, de l'individualité des élèves, du caractère spécifique des milieux scolaires, des matières intégrées et de bien d'autres facteurs.

Le déroulement des activités

Pour créer l'ambiance, l'enseignante demande aux élèves de monter une petite exposition se rapportant aux personnages présentés dans le texte « Masques et musique », extrait du manuel de français. L'exposition a permis de constater que le personnage de Pierrot est sans doute le plus populaire : les élèves ont apporté beaucoup de poupées et de figurines le représentant ainsi que des affiches et des illustrations. Des patrons de costumes de Pierrot, d'Arlequin et de Colombine ont suscité beaucoup d'intérêt, surtout à l'approche de l'halloween. L'enseignante ajoute une reproduction des Saltimbanques de Picasso, une autre représentant son fils en Pierrot et Arlequin. Enfin, un programme de théâtre, *Arlequin, valet de deux maîtres*, de Goldoni, apporté par les élèves, complète l'exposition et plonge toute la classe dans un monde moins familier, le cœur même du sujet.

1ʳᵉ phase : Information sur le nouveau sujet

La première phase a consisté à présenter la *commedia dell'arte*, à situer ce théâtre dans son époque. Les mêmes personnages se retrouvaient toujours en scène : Pantalon, Colombine, Pierrot, Arlequin, Polichinelle et même la Mort en personne. Il s'agit, sous forme d'exposé, de brosser le caractère de chacun, à l'aide d'un texte. Les enfants s'amusent d'apprendre que les comédiens ambulants de l'époque, pour intéresser leur public, empruntaient souvent les traits physiques d'une personne bien connue de l'endroit, par exemple : le maire. La *commedia dell'arte*, c'est la naissance de la comédie populaire et on la retrouve encore aujourd'hui dans le burlesque. Les imitateurs en tirent aussi, à un autre niveau, leur inspiration. Les élèves sont surpris de savoir que l'on jouait à peu près toujours « la même histoire » et que ça faisait rire. Je leur demande alors s'ils connaissent des imitateurs. Ils en nomment quelques-uns : Jean-Guy Moreau, André-Philippe Gagnon et Pierre Verville. Après avoir discuté des « personnalités » qu'ils imitent, ils constatent que « même après cent fois, l'imitation du maire Jean Drapeau par Jean-Guy Moreau fait toujours rire beaucoup ». Ils ont donc compris que les comédiens de la « Commedia » utilisaient le même canevas qu'ils variaient selon leur public et l'inspiration du moment. Il y avait place, à cette époque, pour l'improvisation, appuyée sur une base simple et solide à la fois : le canevas.

Vient ensuite un échange visant à organiser la tâche : bâtir un canevas à partir duquel les élèves travailleront en équipes de six, les rôles des six personnages. Cette activité a suscité beaucoup d'intérêt. Les idées fusaient de partout, l'enthousiasme grandissait à mesure que les personnages se précisaient. Il y eut quelques frictions au moment du partage des rôles et il fallut préciser qu'il n'y a pas de personnage principal dans le canevas élaboré ensemble et qu'il revient à chacun des comédiens de se mettre en valeur. Une équipe de garçon s'est choisie une Colombine, après quelques hésitations. Il fut alors mentionné qu'il arrivait souvent que des rôles féminins étaient tenus par des hommes, à l'époque, car il était mal vu que des femmes soient comédiennes. Certains enfants ont choisi leur personnage selon leur propre caractère; d'autres, attirés par l'étrangeté, ont préféré un rôle opposé à leur personnalité. Par équipe, les élèves présentent d'abord leur personnage au moyen de gestes seulement.

2ᵉ phase : Exploration de l'analogie directe

Le groupe s'engage ensuite dans une deuxième phase qui exploite l'analogie directe ou la comparaison pour mieux saisir le sujet, dans le cas présent, le personnage à représenter. Le groupe a cherché un animal qui pourrait le plus ressembler à chacun des personnages. Voici la liste qui a été retenue après discussion de chaque équipe sur la pertinence des choix proposés :

Pierrot	chien, oiseau
Arlequin	chat, tigre, coq
Pantalon	ours, écureuil, lion, éléphant
Polichinelle	lapin, renard, chimpanzé, kangourou, belette
Colombine	chatte, panthère, poule
Mort	loup, vautour, requin

3ᵉ phase : Jeu d'identification personnelle

Chaque élève s'identifie à l'animal de son choix. L'animal en rencontre un autre et ils vivent une scène à deux en s'inspirant du canevas élaboré au cours précédent. Ils ne doivent pas utiliser la parole pour cet exercice. Les scènes sont présentées.

4ᵉ et 5ᵉ phases : Analyse des ressemblances et des différences

Un échange permet d'analyser la justesse de la perception des personnages symbolisés par des animaux. François explique qu'il a choisi l'écureuil-pantalon parce qu'il amasse des provisions qu'il cache pour que personne ne les trouve. Il se rend compte que la démarche de l'écureuil ne convient pas tellement à Pantalon, mais que son activité correspond davantage à son caractère. Le groupe remarque que les personnages comme Polichinelle, Colombine ou la Mort sont plus faciles à représenter, alors que Pierrot est le plus difficile parce que très intérieur; le geste est moins important pour lui. Ses sentiments sont profonds. Ceux qui précèdent ont un rôle physique très important — surtout Polichinelle — peut-être sont-ils aussi plus superficiels. Pour Marianne, « c'est l'extérieur qui compte chez Polichinelle, Arlequin et aussi Colombine ». Ces deux phases d'analyse et de réflexion se déroulent simultanément avant de passer à une étape intermédiaire, essentielle à l'élaboration de l'histoire de chaque équipe.

6ᵉ phase : Exécution de la tâche faisant vivre les personnages de la *commedia dell'arte*

Pour amorcer cette nouvelle étape, le groupe élabore le premier tableau intitulé : « Un tour de Polichinelle »; ce travail permet d'explorer le jeu des contraires au théâtre. Polichinelle raconte une fausseté sur l'un des personnages. Il doit parler du caractère du personnage en question ou de ses sentiments. Il veut évidemment induire son interlocuteur en erreur et déclenche toute l'action dramatique en jouant son « tour ». Le comique de ce premier tableau est accentué par l'action qui se passe à l'arrière-scène : le personnage dont Polichinelle parle joue le contraire de ce qui est dit par des gestes. Une fois que chacun des élèves a bien saisi le déroulement de ce tableau, la tâche suivante est exposée : il s'agit, pour les équipes, d'inventer un canevas original qui doit mener Colombine à choisir son prétendant. On se rappelle le rôle de chacun des personnages tel qu'il a été élaboré et présenté lors de la première phase. On indique plusieurs combinaisons possibles. La créativité des équipes entre en jeu. Voici le choix des cinq équipes :

ÉQUIPE 1   Polichinelle raconte à Pantalon qu'il devrait permettre à Arlequin de marier sa fille Colombine, car il est travailleur et économe. Arlequin joue le contraire à l'arrière-scène.

ÉQUIPE 2   Polichinelle dit à Pantalon qu'il doit laisser Pierrot marier sa fille car il est joyeux et fera son bonheur. Pierrot exprime la tristesse à l'arrière.

ÉQUIPE 3   Polichinelle dit à Colombine que son père (Pantalon) est pauvre et qu'il ne peut payer sa dot. Pantalon compte son argent dans un coin.

ÉQUIPE 4   (Même idée que celle de la première équipe.)

ÉQUIPE 5   Polichinelle dit à Pierrot que Colombine l'aime et veut l'épouser. Colombine et Arlequin déclarent leur amour au fond de la scène.

Les scénarios sont complétés en classe de français par l'ajout de trois ou quatre tableaux. Le texte doit être très court et laisser place à l'improvisation. Le niveau de langue est travaillé : par exemple, Colombine s'adresse à Pantalon en l'appelant « Père ». Les enfants sont invités à dire les négations au complet, sans élision du « ne » comme dans la langue parlée courante. Ensuite, ils répètent la pièce en utilisant des marionnettes sous la forme de chaussettes pour travailler la voix des personnages comme elle est décrite dans le texte de la *Symphonie des cinq sens* et vérifier la durée de la pièce. Il y a place pour un court monologue de Pierrot qu'il devra chanter. Quelques équipes sont invitées à réduire leurs dialogues et à s'en tenir à l'essentiel.

Les élèves reviennent à l'atelier, pièce en tête, tout excités. Un deuxième jeu des analogies directes leur est proposé : trouver la voix... musicale de leur personnage. Il s'agit d'identifier leur personnage à un instrument de musique. Voici leur choix :

Pantalon	tuba, basson, orgue
Pierrot	flûte, violon, hautbois
Colombine	piccolo, carillon
Arlequin	clarinette, saxophone
Polichinelle	trompette, « gazou » ou pipeau
La Mort	cymbale, timbale, cor

Les élèves « deviennent » ensuite leur instrument, grâce au jeu de l'analogie personnelle et doivent improviser une mélodie qui rend les sentiments de leur personnage; le travail s'effectue en équipe. Quelques élèves ont accepté de présenter l'improvisation à la classe et de discuter de cette expérience.

« Est-ce que cette comparaison peut aider l'interprétation les personnages? » L'expérience est positive, certains semblent même découvrir « du neuf » face à leur personnage. Les enfants avouent, cependant, qu'ils trouvent difficile d'improviser une mélodie qui convient à la fois à l'instrument choisi et à leur personnage.

Après une période de répétition où certains effets sonores sont ajoutés à l'apparition de la Mort, entre autres, et la chanson de Pierrot est composée, chaque équipe est prête à présenter sa petite pièce. Les enfants sont curieux de connaître les rebondissements de chaque histoire; leur écoute est exemplaire. Ensuite, la discussion est lancée sur la compréhension de chaque personnage et l'originalité de l'histoire. Ils constatent enfin qu'en partant de « la même idée », certains ont réussi à construire quelque chose de différent. À l'appui de cette constatation, voici l'histoire de deux équipes :

ÉQUIPE 1

Tableau 1 : Polichinelle raconte à Pantalon qu'Arlequin est travailleur et économe (Arlequin, à l'arrière, lance son argent partout, flâne, semble joyeux, insouciant). Pantalon refuse de le croire. Polichinelle fait entrer la Mort pour effrayer Pantalon qui se laisse convaincre.

Tableau 2 : Polichinelle annonce à Colombine que son père accepte d'accorder sa main à Arlequin. Seule, elle se demande si elle préfère Arlequin à Pierrot.

Tableau 3 : Pierrot entre en chantant un air triste. Arlequin le rencontre et lui annonce son mariage avec Colombine. Resté seul, Pierrot continue à chanter son amour pour Colombine.

Tableau 4 : Colombine remercie son père, Arlequin vient la rejoindre. Pierrot passe sur la scène sans parler et s'éloigne. Polichinelle « rit dans sa barbe ».

ÉQUIPE 5

Tableau 1 : Polichinelle dit à Pierrot que Colombine l'aime. Pierrot, resté seul, chante son amour, mélancolique.

Tableau 2 : Arlequin et Colombine entrent en riant. Colombine montre sa coquetterie : elle veut des bijoux, de belles robes, etc.

Tableau 3 : Arlequin dit à Polichinelle de trouver un moyen pour que Pantalon lui verse une grosse dot. Polichinelle fait appel à la Mort qui va hanter Pantalon la nuit.

Tableau 4 : Pierrot se présente chez Pantalon et demande la main de sa fille. Pantalon accepte aussitôt en pensant à son cauchemar (Pierrot sort). Arlequin arrive à son tour pour demander la main de Colombine. Pantalon répond qu'elle est déjà promise à Pierrot. Pantalon appelle Colombine qui devra choisir...

Tableau 5 : Colombine, un peu embarrassée, choisit Arlequin. Tout le monde est réuni et joyeux... sauf Pierrot qui rêve tristement dans son coin en regardant la lune.

Les équipes, dans l'ensemble, ont fait preuve d'imagination en répondant bien aux consignes données pour l'élaboration de l'histoire. Deux équipes ont dépassé le temps alloué, l'intrigue étant plus compliquée. Parfois, il y eut des situations un peu embrouillées, car on coupait la parole à quelqu'un ou on ne prenait pas bien le temps de réagir. Mais, comme première expérience, ce fut réussi : les personnages ont été bien rendus par la démarche, les gestes et surtout la voix; l'expression du caractère et des sentiments était juste. La curiosité des spectateurs et leur intérêt ont été soutenus.

7e phase : Vérification de la compréhension des personnages de la *commedia dell'arte*

Les élèves sont appelés à fournir leurs propres analogies pour caractériser chaque personnage et à discuter des similitudes et différences.

Quelqu'un connaît-il un personnage de téléroman ressemblant à un personnage de la *commedia dell'arte*? On associe Zoé (« Peau de banane ») et Juliette (« Le temps d'une paix ») à Colombine. Un enfant a reconnu Pantalon dans Séraphin (« Les belles histoires des pays d'en haut », en reprise). Benoît demande si Pierre Lambert (« Lance et compte ») pourrait représenter Arlequin. La classe en discute et finalement acquiesce. En général, les enfants ne sont pas très familiers avec les téléromans. L'enseignante montre alors une petite figurine de la « Schtroumpfette » et on reconnaît Colombine, à l'unanimité. Pour compléter la vérification, on inventorie des personnages des bandes dessinées et des livres d'histoires. Voici un tableau des associations :

Pierrot	schtroumpf rêveur
	le Petit Prince
Arlequin	Astérix
	Donald le canard
Colombine	la Castafiore (dans Tintin)
	la Belle (*La Belle et la Bête*)
	la rose du Petit Prince
Pantalon	oncle Picsou (Donald le canard)
	schtroumpf grognon
Polichinelle	schtroumpf farceur
La Mort	le loup (*Le petit chaperon rouge*)
	Gargamel (les schtroumpfs)
	la sorcière (*Hansel et Gretel*)

Les ressemblances qui semblent les plus évidentes sont : le schtroumpf rêveur (Pierrot), la Castafiore (Colombine), l'oncle Picsou (Pantalon), le schtroumpf farceur (Polichinelle) et Gargamel (la Mort). L'enseignante fait remarquer que les personnages des schtroumpfs sont souvent choisis. Claudine répond qu'ils sont simples, ils démontrent toujours « un seul côté de leur caractère ». À la question, si cela peut rendre les situations plus comiques, les élèves sont partagés. Elle leur demande ensuite s'ils croient que leur personnage peut exister « dans la vraie vie ». L'enseignante écrit au tableau les questions qu'ils devront discuter en équipe :

Connais-tu une personne qui a le même caractère que ton personnage? Donne des exemples.

Y a-t-il des différences? Qu'est-ce qui n'est pas pareil?

Qu'est-ce qui fait qu'une personne est vraie?

Par contre, ils sont d'avis que les gens ont une personnalité plus riche, « plus variée ». Les gens « savent s'adapter aux situations qui leur arrivent ». Sébastien fait remarquer que « Pierrot ne sait même pas sourire, quand Polichinelle lui annonce que Colombine l'aime, ce n'est pas dans sa nature d'être joyeux, alors il reste triste ». Mélanie ajoute que « Pantalon est tellement préoccupé par son argent qu'il ne se demande jamais si sa fille sera heureuse avec Arlequin ».

Un questionnaire d'évaluation clôt le projet. Il fournira une rétroaction importante à l'enseignante qui utilise la démarche analogique de façon soutenue pour une première fois et cela dans le contexte de l'enseignement d'un contenu nouveau intégrant plusieurs disciplines.

Stratégie de résolution de problème en lecture (Hudon, 1988)

La stratégie fait appel à la pensée métaphorique et divergente en alternance avec la pensée logique. L'institutrice se donne comme tâche d'engager ses élèves de première année dans une démarche de résolution de problème qui sollicite l'hémisphère gauche et l'hémisphère droit du cerveau. Les élèves sont encouragés à établir un grand nombre de relations entre les éléments du problème, de façon émotionnelle et irrationnelle, dans un premier temps; puis, en fin d'étape, à récupérer le matériel utile à une solution du problème qui correspond aux normes objectives de la langue. La classe compte quatorze garçons et douze filles issus d'un milieu social moyen, à l'exception de quatre élèves provenant de milieux défavorisés et présentant des problèmes d'apprentissage et de comportement.

Les exercices d'assouplissement de la pensée divergente

Pour familiariser les élèves avec la pensée divergente, les exercices engagent leur émotion et créent un climat où le plaisir tient une grande place; l'activité métaphorique est graduellement introduite.

ENSEIGNANTE – Qu'est-ce qui est le plus doux? La fourrure de ton chat, une caresse ou un mot doux?

ENFANT – La fourrure de mon chat quand il me frôle (c'est le choix de la majorité).

– Le chat est doux, sauf ses griffes.

Ils s'amusent à énumérer des animaux qui ont la fourrure douce.

ENSEIGNANTE – Qu'est-ce qui est piquant? (Les enfants refusent mes suggestions.)

ENFANT   – Le porc-épic.

            – Les griffes du chat.

            – L'abeille.

            – Les épines de la rose.

            – Des roches sous les pieds.

ENSEIGNANTE – Qu'est-ce qui est doux pour les pieds, comme le sable de la mer?

ENFANT   – Un tapis doux.

            – Un tissu doux.

            – Nos couvertures.

            – Ma couverture de bébé.

ENSEIGNANTE – Quelles lettres de l'alphabet feraient un coussin douillet, confortable comme ta couverture de bébé, ou doux comme le poil de ton chat?

ENFANT   – O est tout rond, tout doux.

Les enfants continuent d'énumérer les lettres qui ont des rondeurs : a q n b u e d.

ENSEIGNANTE – Je vous propose maintenant un jeu avec des lettres. Je commence le jeu, vous continuerez...

            – La lettre t est comme un nichoir pour les oiseaux, elle a une petite tablette.

            – La lettre f est comme une fusée, elle fait de longs voyages.

            – La lettre m est comme la petite bouche d'un bébé, elle est ouverte et elle dit « maman ».

ENFANT   – La lettre o est comme un ballon, elle roule et se laisse attraper.

            – La lettre i est comme un fil, elle a peur de se faire écraser.

            – La lettre p est un crochet pour les manteaux, une clé, un marteau.

            – La lettre s est comme un serpent, une corde à danser.

ENSEIGNANTE – Maintenant, nous allons imaginer qu'une fée te change en une petite lettre. Laquelle choisirais-tu, ou n'aimerais-tu pas être? Raconte-nous comment tu te sentirais.

ENFANT   – J'aimerais être un d, je serais un bateau, j'ajouterais des voiles et je partirais en voyage.

              – J'aimerais être un a, car je serais toujours le premier.

              – J'aimerais être un o, je serais un pneu, je visiterais des pays.

              – Je n'aimerais pas être un i, j'aurais la tête détachée du corps.

À la fin de l'exercice, les enfants s'amusent à choisir les lettres qui pourraient être les piquants d'un porc-épic, puis on entre dans le cœur du problème.

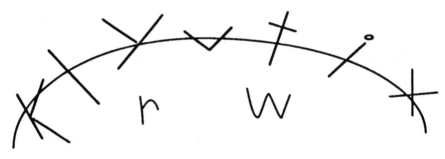

La présentation du problème

ENSEIGNANTE – Vous connaissez bien la lettre g, vous savez qu'elle ne produit pas toujours le même son, dans les mots où on doit la lire. J'ai remarqué que, lorsque nous abordons une lecture nouvelle, plusieurs d'entre vous hésitent quand la lettre g se retrouve dans un mot inconnu. Pourtant, vous savez beaucoup de choses sur cette lettre; que pouvez-vous me dire?

ENFANT   – Il peut flotter sur l'eau, comme un ballon.

              – Il peut faire un crochet pour un vêtement.

              – Son pied est comme la queue du chat.

              – S'il donne la main à la voyelle a, il fait ga.

Les enfants continuent l'énumération des syllabes débutant par la lettre g, en essayant d'établir la correspondance graphème-phonème. Ils y réussissent avec l'aide du groupe, mais plusieurs d'entre eux ne maîtrisent pas cette notion.

ENSEIGNANTE – Il n'est pas toujours facile d'associer le phonème à la syllabe contenant la lettre g. Nous allons essayer de trouver un moyen (jeu, histoire, chanson) auquel on penserait pour nous aider, ainsi on saurait toujours lire ces mots « embêtants ».

ENFANT – Le g pourrait être un bateau.

– Le g pourrait être amoureux ou fâché.

– Le g pourrait donner le main aux voyelles.

Les enfants se réfèrent aux analogies faites lors des exercices d'assouplissement ou répètent des idées déjà entendues. La phase suivante les conduira à une vision nouvelle.

L'exploration du jeu analogique

L'enseignante pousse les élèves à produire des analogies; elle leur demande une analogie directe et précise également la nature de l'analogie : une machine.

ENSEIGNANTE – Nous allons essayer une autre façon de voir notre lettre g. Je vous demande d'imaginer ce que pourrait devenir la lettre : une machine, par exemple. Inventons cette machine.

ENFANT – Une auto.

– Une auto tamponneuse.

– Un patin à roulettes.

– Un hélicoptère.

– Un avion

– Une machine pour fabriquer des choses, du fromage, par exemple.

– Une machine avec une hélice, elle pourrait voler; avec un poste de radio, pour les chansons.

– Une paire de souliers : un percé, un pas percé.

Les élèves continuent de construire des analogies directes. Il y a retour sur le contenu recueilli, puis le choix des comparaisons qu'ils préfèrent utiliser pour continuer le « jeu ». Les élèves sont enthousiastes, ils se prêtent à l'expérience avec amusement. Ils suivent les étapes proposées et jusqu'à présent, ils n'ont pas tenté de devancer une phase. Tous s'entendent pour choisir une auto comme analogie directe.

ENSEIGNANTE – Nous allons explorer le fonctionnement d'une voiture et décrire le rôle du conducteur.

ENFANT – Elle roule, elle va partout sur les routes.

– Elle a des portes, des roues, un volant...

– Elle a besoin d'essence, quand elle n'en a plus, elle s'arrête.

– Il peut monter plusieurs personnes dans la voiture.

ENSEIGNANTE – Peut-elle aller sur les routes d'elle-même?

ENFANT – Ah, non! Il y a un conducteur.

– Il faut absolument un conducteur, il peut avoir une casquette.

– Ça fait vroum... vroum...

L'enseignante tente de leur faire exprimer les aspects particulièrement « étranges » que pourrait avoir leur voiture.

ENSEIGNANTE – Comment pourrait être notre auto?

– Avec une hélice, pour voler.

– Elle peut parler, ou chanter...

– Elle est jaune, elle a beaucoup de roues.

– Son carburant pourrait être des cœurs.

– Le conducteur chante. Il est un « punk » avec des cheveux de toutes les couleurs.

Pour encourager une perception subjective de l'auto, on a recours à l'analogie personnelle. L'élève décrit ce qu'il ressent, en devenant la chose.

ENSEIGNANTE – Nous allons imaginer être une voiture. Comment vous sentez-vous étant une voiture?

Les petits n'ont pas eu de difficulté à s'identifier à l'objet. « Faire semblant » est un jeu dans lequel ils excellent.

ENFANT — Je transporte des personnes, j'ai chaud.

— C'est pesant quand il y a beaucoup de personnes assises sur mon dos.

— J'ai mal à mes pneus, j'ai trop marché.

— L'essence ne sent pas bon, j'ai mal au cœur.

— J'aime promener mes amies, je me sens bien.

— J'aime voir beaucoup de rues.

Puis, spontanément, par association, à partir de la remarque précédente, les enfants se décrivent comme conducteur.

ENFANT — Mes cheveux sont raides.

— Ils sont de toutes les couleurs.

— Je suis un « punk » qui conduit une auto.

— J'aime pas les cheveux raides. Les miens sont frisés. J'ai un habit noir, une cravate. Un chapeau de magicien.

— Je m'ennuie de mes amis les voyelles.

— Je m'appelle Gaston.

L'enseignante introduit la recherche d'idées contrastantes.

ENSEIGNANTE — Dans toutes les phrases trouvées, il s'agit pour nous de voir s'il y a des mots qui s'opposent, qui disent le contraire. (Rappel aux enfants des trouvailles de la phase précédente.)

ENFANT — ...

ENSEIGNANTE — Est-ce que cela est difficile à trouver? Voici un exemple : on a dit que l'auto « s'ennuie » et plus loin on a dit que « je suis heureuse de promener mes amies ». Ce n'est pas la même chose, c'est dire le contraire. Peux-tu te rappeler d'autres mots qui disent le contraire.

ENFANT — Cheveux raides, cheveux frisés.

— Couleur et noir, c'est pas pareil.

Les enfants ont de la difficulté à faire ressortir les oppositions, même après leur avoir proposé un exercice avec des mots de leur vocabulaire courant : petit-grand, nuit-jour, aime-déteste, etc.

L'enseignante propose donc une partie de l'opposition, ils doivent trouver l'autre :

assis	transporte
j'ai mal au cœur	je me sens bien
j'aime	j'aime pas
cœur	roue

Cette séance a épuisé les enfants, il n y a plus d'enthousiasme, le plaisir de faire est disparu. Comment éveiller à nouveau l'intérêt, la motivation? Les enfants sont invités à choisir parmi les analogies énumérées, celle qui ferait « l'histoire » la plus intéressante. Ils ne peuvent se limiter à une analogie. Cela est caractéristique de leur âge; ils vivent le moment présent, ayant peu d'aptitude à se projeter dans une réalisation ultérieure. Ils retiennent donc les analogies suivantes : mal au cœur, heureux-ennui, fatigue-promener, couleur-noir, frisé-raide.

ENSEIGNANTE – Maintenant, nous revenons à notre lettre g. Comment pouvons-nous reprendre notre voiture et son conducteur, pour savoir comment nous débrouiller avec notre lettre?

ENFANT – ...

ENSEIGNANTE – Peut-on préciser, dire plus de choses sur notre auto et son conducteur?

ENFANT – Il faut absolument un conducteur.

– Il faut deux autos parce que le g se dit de deux façons.

Les autres remarques sont de la répétition. Les élèves dessinent pour explorer les caractéristiques des deux voitures et de leur conducteur. Les dessins apportent les éléments suivants :

– les voitures iront au pays des couleurs;

– elles y rencontreront les voyelles;

– il y aura des cœurs dans ce pays;

– les voitures sont fatiguées des longs voyages;

– il y a un conducteur « punk » qui s'appelle Gaston;

– l'autre sera Gina, une conductrice magicienne. Elle sera habillée en noir.

Le retour au problème à résoudre

Il s'agit de structurer l'histoire en imaginant une solution au problème de départ. Les enfants demandent de continuer l'exploration par le dessin. Alors, de nouveaux éléments s'ajoutent, certains se précisent, et se dégage le synopsis du conte qui suit. Deux autres courtes séances seront nécessaires pour compléter la structure du conte.

> Le recours à une démarche soutenue d'exploration de l'analogie en classe est justifié par les buts éducatifs qu'elle poursuit : « Augmenter le degré de compréhension des élèves, utiliser des méthodes pour rattacher les divers champs de connaissance et enseigner une méthode d'élaboration d'hypothèses » (Gordon, 1970, p. 5). L'enseignant peut cependant adapter le jeu des analogies à des fins multiples lesquelles ne nécessiteront pas toujours l'application du modèle selon la matrice qui régit sa structure. La flexibilité de l'analogie en fait alors une technique utile pour amorcer une activité, aborder un concept ou, en général, capter l'intérêt des élèves. Le jeu analogique s'ajoute ainsi à la liste des techniques de créativité, c'est-à-dire l'ensemble des procédés fondé sur les connaissances spécifiques à l'activité créatrice.

Les techniques de créativité ont été illustrées dans divers ouvrages; Provencher (1987, pp. 158-214) présente l'approche associative et les techniques qui s'y rattachent : le *brainstorming* d'Osborn (1965); les listes de Crawford (1954); les relations forcées de Whiting (cité par Osborn, 1965), de Bono (1975) et de Parnes (cité par Beaudot, 1973); l'analyse morphologique de Zwicky (1967); le paradoxe de Williams (1972) et une application originale de la théorie du paradoxe de Watzlawick (1975) (Provencher, 1987, pp. 225-369). Des techniques diverses sont décrites telles la visualisation, la réversion, le raisonnement par l'absurde, la sémantique générale, l'approche réductrice, le langage novateur, et un exposé des démarches exploratoires utilisées dans la résolution de problèmes (Feldhusen et Guthrie, 1979).

Les stratégies qui viennent d'être exposées avaient pour but de faciliter la compréhension des incidences pédagogiques des découvertes sur le fonctionnement du cerveau. Leur analyse rétrospective offre une excellente façon d'acquérir de l'expertise professionnelle, car pouvoir devenir conscient de ses théories, cela change la pratique. Le chapitre qui suit vise donc à objectiver les stratégies qui ont été expérimentées en vue d'actualiser une pédagogie globale qui engage l'activité complémentaire des deux hémisphères cérébraux et de dégager des théories applicables à une variété de situations pédagogiques quelles que soient les disciplines et les clientèles visées.

Le village des voyelles:

Gina rejoint ses amies
i, e, y sur leur nuage.

Gaston retrouve a,
o, u au jardin potager.

Chapitre 3

Objectivation théorique
des stratégies d'enseignement

La planification de stratégies d'enseignement à partir de théories, soit des synthèses structurées de connaissances sur une question, connaissances issues de recherches, d'expérimentations concluantes ou d'hypothèses, témoigne du souci professionnel de l'enseignant. En effet, la théorie fournit un cadre objectif à partir duquel il peut formuler un jugement critique, fonder ses prises de décision et opérationnaliser une action didactique cohérente. L'objectivation des stratégies décrites précédemment fera ressortir les théories qui ont contribué à l'implication de l'hémisphère droit dans les activités créatrices, à savoir la théorie de la spécialisation hémisphérique issue des neuropsychologues, la théorie du préconscient de Kubie (1961), la théorie de l'analogie de Gordon (1947), puis la théorie du jeu figuratif de Desrosiers (1975).

Indices de la spécialisation hémisphérique dans les stratégies

Le chapitre premier a exposé les données de la neuropsychologie en ce qui a trait à la théorie de la spécialisation des hémisphères cérébraux. Grâce à ces données, des principes et des règles pédagogiques susceptibles d'orienter la pratique de l'enseignement ont été formulés. On aura recours à ces principes et règles afin d'amorcer l'objectivation des trois stratégies d'enseignement.

La stratégie d'écriture créatrice

Les jeunes élèves de 4e année, entre autres Martin qui avait de la difficulté avec l'écriture, ont été stimulés à l'écriture créatrice par un programme d'activités qui n'a rien en commun avec le programme de français habituel; le sujet est abordé d'une façon libre, sans dissection du contenu notionnel relatif au discours à caractère expressif. En fait, on oublie volontairement le sujet pour se concentrer sur un mécanisme de pensée inconnu des élèves : l'analogie directe, l'analogie personnelle et l'analogie conflictuelle. Trois blocs d'activités convergent respectivement vers un type d'analogie; ils sont très faiblement structurés et donnent lieu à l'entraînement à un mode de pensée horizontal sans aucune préoccupation de recherche inférentielle, selon une analyse dirigée. Les activités regroupées autour des jeux analogiques sollicitent principalement l'hémisphère cérébral droit, la métaphore étant pour celui-ci une voie d'accès à la connaissance. L'hémisphère gauche, qui régit toute activité rationnelle, intervient en fin de processus lors du transfert du matériel analogique recueilli; on effectue un tri des éléments, images et idées utiles à la rédaction d'un texte expressif. Le transfert est de type gestaltiste, la compréhension étant de nature relationnelle.

La stratégie qui découle des options reliées au programme prises par l'enseignante est très peu directive; elle repose sur un ensemble de stimuli qu'elle présente dans le but de déclencher le mécanisme analogique : jeu de ressemblances (analogie directe), jeu de faire-semblant (analogie personnelle) et jeu de contrastes (analogie conflictuelle). Les stimuli s'adressent donc à l'imagination afin de découvrir le réel sous forme d'images, et non d'idées, grâce à la contribution de plusieurs sens. L'émotion, composante qui influence positivement l'apprentissage, est constamment stimulée et très manifeste chez le jeune élève Martin; lors de l'analogie personnelle notamment, l'hémisphère droit est sans doute mis à contribution, car la charge émotive traduite par le langage et les intonations est puissante. Selon le témoignage de l'enseignante, le plaisir éprouvé par les élèves a été une source de très grande motivation durant les huit périodes qu'a duré le projet.

Dans le cadre d'une stratégie faiblement structurée, l'apprentissage de ce qu'est l'écriture créatrice a été réalisé à partir de la perception successive d'unités globales, contrairement à celui qui découle de l'activité perceptuelle soumettant le réel à l'analyse en vue de l'abstraction. En somme, la forme émerge de la simultanéité des perceptions plutôt que de leur contiguïté; d'un ordre de rapport entre les unités plutôt que de dépendance; d'une exploration libre et subjective de l'objet de connaissance plutôt que d'une démarche ordonnée, réglée par l'objectivité.

On parvient à des gestalts concernant la connaissance du discours à caractère expressif qui sont subjectives et gardent les traces de la réalité intériorisée. Cette façon de connaître se démarque de la connaissance objective qui, pour parvenir à la représentation mentale ou à l'idée de ce qu'est l'écriture expressive, engage la pensée logique dans un processus d'analyse systématique.

L'accomplissement de la tâche portant sur la rédaction d'un texte expressif n'est pourtant pas possible sans la contribution harmonieuse des deux hémisphères cérébraux. À l'étape finale du déroulement des activités d'apprentissage, on demande aux élèves d'écrire un deuxième texte à partir du même sujet-stimulus : « Elle était rouge... » et de faire preuve d'une plus grande expressivité ou créativité que lors du premier. Le texte, tout en gardant un caractère de surprise par son haut niveau de personnalisation, doit être vrai, c'est-à-dire, selon Selye (1973) : « conforme aux faits dans son interprétation » (Desrosiers, 1975, p. 35). Pour Anderson, l'idée de vérité s'applique plutôt « à la personne qui se doit d'être fidèle à son interprétation des faits, c'est-à-dire fidèle à ce qu'elle pense vraiment » (Desrosiers, 1975, p. 35). Si le caractère de surprise relève de l'activité de l'hémisphère droit, celui de vérité exige l'apport de l'hémisphère gauche. Les auteurs caractérisent cette contribution rationnelle à la production créatrice par les termes évaluation, discrimination et adaptation. Barron (1969, p. 38) mentionne la « tendance à l'intégration ».

L'intégration est un des critères qui a servi à l'évaluation de la créativité dans les textes des élèves, comme on le verra lors de la présentation de la théorie du jeu figuratif. La définition qu'en donne Barthes (1966, p. 25) dans l'étude du système du récit fait voir la pensée convergente en œuvre avec la pensée divergente :

> Dans la langue du récit, le second procès important, c'est l'intégration : ce qui a été disjoint à un certain niveau est rejoint le plus souvent à un niveau supérieur [...]. C'est l'intégration, sous des formes variées, qui permet de compenser la complexité, apparemment inmaîtrisable, des unités d'un niveau, c'est elle qui permet d'orienter la compréhension d'éléments discontinus, contigus et hétérogènes.

La stratégie qui avait pour but principal d'aider une jeune élève éprouvant des difficultés d'écriture a obtenu du succès. L'enseignante a mis en œuvre un ensemble d'activités qui, pour en expliquer l'efficacité, peut être rapproché des considérations de Frostig et Maslow dans leur article : « Teachers urged to understand brain processes » (*Brain/Mind Bulletin*, 1980). Les aspects que les auteures jugent importants dans l'éducation des élèves en difficulté d'apprentissage, aspects mentionnés à la fin du chapitre premier, ont été actualisés dans la stratégie d'écriture expressive.

La stratégie d'intégration des disciplines

La deuxième stratégie illustre davantage l'activité concomitante des deux hémisphères cérébraux à la découverte de ce qu'est la *commedia dell'arte*. En effet, l'analogie n'est pas utilisée avec la même liberté que dans la stratégie orientée vers l'écriture expressive. Plutôt que de chercher une distanciation maximale entre les personnages de la comédie italienne et leurs représentations métaphoriques, le raisonnement analogique permet d'en discriminer les ressemblances et les différences. L'intelligence intervient pour abstraire les éléments de définition. Cette démarche où l'intuition et l'intelligence sont à l'œuvre agit sur des contenus notionnels regroupés autour d'un thème où le français, l'expression dramatique, la musique et les arts plastiques sont intégrés.

Toujours pour garder en éveil le mode de connaissance propre à l'hémisphère droit, la stratégie respecte les données issues de la neuropsychologie et, en ce sens, une place importante revient aux stimuli sensoriels : exposition sur les personnages de la *commedia dell'arte*, jeu de marionnettes, improvisation musicale et jeu théâtral combinant le discours et l'action. La participation active du groupe d'élèves est source d'idées divergentes et de complexité. Quoique l'enseignante montre une certaine directivité dans l'objectivation progressive de l'information à partir du matériel analogique, elle ne se permet pas une rigidité qui entraverait l'activité de l'hémisphère droit et ferait échec au fonctionnement du cerveau dans sa totalité. La situation pédagogique créée par l'enseignante est nouvelle et aucun système d'appréhension n'étant disponible, les élèves aidés de l'enseignante doivent l'inventer.

Dans le contexte d'une telle stratégie, l'évaluation des apprentissages est peu contrôlante; elle favorise plutôt la poursuite de ces apprentissages. On peut observer un échantillon de ce type d'évaluation à l'étape finale de la stratégie. Pour s'assurer que les élèves ont bien compris les personnages de la *commedia dell'arte*, l'enseignante les invite à trouver une nouvelle analogie pour caractériser chacun d'eux; ce mode d'évaluation n'a rien à voir avec une retransmission de connaissances. Pour cette activité de contrôle et de synthèse, les élèves fouillent les personnages des téléromans, des bandes dessinées et des livres d'histoires, ce qui les amène à nuancer, préciser, voire à poursuivre l'approfondissement des personnages de la *commedia dell'arte*. L'évaluation prend plutôt la forme d'une auto-évaluation.

L'objectivation de cette deuxième stratégie n'a porté que sur certaines particularités. Cependant, un principe semble se dégager au sujet de l'apprentissage : il se fait par l'objectivation des ressemblances et différences selon un continuum horizontal, plutôt que dans le cadre d'un processus inductif ou déductif qui conduirait à une analyse linéaire en profondeur. Les élèves sont parvenus à un savoir construit concernant la *commedia dell'arte* par des voies tantôt divergentes, tantôt convergentes. Les métaphores produisent des données différentes de celles de la pensée logique, mais celle-ci entrera en jeu dans un temps d'apprentissage que l'on qualifiera de second, soit le temps de l'objectivation.

La stratégie de résolution de problème en lecture

La troisième stratégie porte sur la résolution d'un problème en lecture et sa structure la rapproche de la première stratégie. Pour que les élèves parviennent à discriminer les valeurs phonétiques de la lettre *g* dans le contexte de la lecture, l'enseignante propose une démarche où l'heuristique est supportée par le pouvoir de l'analogie. La forme de la lettre suscite une série d'analogies de façon spontanée et ludique. Un ensemble d'images, d'émotions et d'idées est constitué et réinvesti au moment de l'élaboration du canevas d'un conte qui fournit une solution efficace au problème du *g* dur et du *g* doux. Le dessin favorise l'activité de l'hémisphère droit à la recherche d'éléments devant constituer une solution acceptable.

La troisième stratégie, tout comme les deux précédentes, s'appuie sur la théorie de la spécialisation des hémisphères cérébraux; elle présente des caractéristiques communes qui n'ont pas à être reprises. Cependant, pour compléter le travail d'analyse objective des stratégies, elles seront confrontées à quelques théories de la créativité. Le recoupement entre ces théories et celle de la spécialisation des hémisphères cérébraux établira avec un peu plus de certitude le rôle que peut jouer la créativité dans le développement d'une pédagogie qui tient compte des découvertes sur le fonctionnement du cerveau, en particulier certains aspects avec lesquels l'école est peu familière.

Théorie du préconscient

L'explication psychanalytique de la créativité

De nombreux courants philosophiques et psychologiques ont donné des explications du phénomène de la créativité, en l'occurrence l'existentialisme, l'interpersonnalisme, l'associationnisme, les traits et facteurs, la gestalt et, bien sûr, la psychanalyse. C'est le dernier courant qui justifie le mieux les stratégies qui ont été exposées. Parmi les nombreuses théories psychanalytiques de la créativité, celle de Freud demeure influentielle; cependant, celle de Kubie, un néofreudien, place les stratégies d'enseignement sous un éclairage qui en rend l'objectivation beaucoup plus juste. Kubie fait dériver hypothétiquement la créativité du préconscient et reformule de ce fait la théorie psychanalytique de Freud qui attribuait à l'inconscient la production créatrice. Kubie établit les trois zones du moi comme suit : l'inconscient, la plus profonde et la moins accessible; le conscient, la plus accessible et entre l'une et l'autre, le préconscient, accessible par des voies de détour.

Le préconscient active la créativité parce qu'il fonctionne selon des processus qui offrent beaucoup de liberté à l'individu comme on a pu l'observer dans les trois stratégies d'enseignement.

> Le préconscient fait de rapides tours d'horizon, tant au niveau des souvenirs que des expériences enregistrées; il en fait des condensations, des synthèses; il trouve des similitudes dans des oppositions apparentes. Les intuitions résultantes sont cependant floues et doivent être ensuite soumises à un mode plus rigoureux de pensée où se fait la vérification de ce qui a été trouvé intuitivement. (Desrosiers, 1975, p. 32).

Les enseignants ont orienté ce balayage d'informations par le détour de l'analogie, c'est-à-dire de façon préconsciente. Certes, il aurait pu être effectué par le conscient et l'inconscient; cependant, pour Kubie, la rigidité du conscient, d'une part, puis les conflits et camouflages de l'inconscient, d'autre part, sont des entraves à la flexibilité nécessaire pour créer. Le préconscient, de plus, opère de façon idéale pour assurer la « mise en relation », étape déterminante dans le processus de créativité et activité tout à fait adaptée aux particularités de l'hémisphère droit.

L'analogie et le préconscient

Dans les stratégies, les enseignantes ont exploité à fond la démarche analogique qui se définit comme un procédé reposant sur les rapports entre les choses et les êtres. L'analogie est essentiellement relationnelle et comme telle parfaitement appropriée à l'activité du préconscient. Grâce à cette figure, ou forme de la pensée, et à celles qui en dérivent — la comparaison, l'assimilation, le symbole, la personnification, la métaphore et l'allégorie —, les enseignants ont inventé des jeux où, en toute liberté, le préconscient était exploré. On peut donc affirmer que les stratégies témoignent d'une volonté de rejoindre le préconscient et, à cette fin, d'utiliser systématiquement la voie de détour de l'analogie sous ses diverses formes. On retrouve des activités exploitant l'analogie directe de nature comparative, métaphorique ou allégorique; l'analogie personnelle où l'on prête vie aux êtres inanimés en s'identifiant à eux conformément à la figure de personnification; l'analogie symbolique à la recherche d'un signe concret, ou symbole, capable de représenter adéquatement une réalité inconnue et faciliter ainsi sa prise de connaissance a été largement exploitée par les élèves dans leur recherche de ce qu'était la *commedia dell'arte*; enfin, les analogies fantaisistes et fantastiques, fruits d'associations libres et oniriques, ont pu s'exprimer inconsciemment.

Les jeux analogiques, tout orientés qu'ils soient vers le préconscient, peuvent laisser prise à l'inconscient; les symboles et les rêves sont des voies d'échappées par lesquelles l'inconscient se trahit. Même si le processus de représentation est imperceptible à la personne créatrice, parce qu'inconscient, certains indices et certaines preuves réitérées l'obligent à admettre son existence. Le terme inconscient désigne donc, selon Freud, « les pensées latentes en général, mais en particulier celles qui ont un caractère dynamique, celles notamment qui malgré leur intensité et leur efficience, demeurent éloignées du conscient » (cité par Le Galliot, 1977). L'inconscient, source de l'activité créatrice, est selon Freud, « un système considéré comme le siège des pulsions innées et des désirs ou souvenirs refoulés, qui cherchent à faire retour dans la conscience et l'action » (Le Galliot, 1977, p. 11). S'il n'est pas impossible aux créations de l'inconscient actif de pénétrer dans la conscience, ceci ne se fait pas sans une certaine dépense énergétique. Défenses et résistances bloquent les relations entre l'inconscient et le conscient, de sorte que la création qui est le produit de l'inconscient peut être vue en quelque sorte comme un lapsus de l'inconscient et il est quasi impossible de l'objectiver. Par ailleurs, Freud réserve l'appellation « préconscient » à la désignation d'une catégorie de pensées latentes qui sont faibles et susceptibles de passer facilement dans le conscient. Même si Kubie reconnaît que le préconscient est beaucoup plus accessible que l'inconscient, il tient à distinguer le préconscient du conscient et de l'inconscient, ce que les enseignantes ont respecté en adoptant un principe d'action peu directif, en levant la censure, en encourageant l'implication irrationnelle et émotionnelle et en comptant sur la liberté d'expression plutôt que sur l'introspection.

Les processus du préconscient, du conscient et de l'inconscient

Si on voulait schématiser les processus du préconscient, du conscient et de l'inconscient dans l'activité créatrice, on pourrait dire que leurs modes de fonctionnement contradictoires se recoupent. En d'autres termes, ce qui, à un moment du processus, est produit de façon irrationnelle par l'hémisphère droit du cerveau selon un mode préconscient, et parfois inconscient, est subséquemment harmonisé par le pouvoir ordonnateur et l'activité consciente de l'hémisphère cérébral gauche. Le tableau 2 synthétise les modes de fonctionnement respectifs du conscient, du préconscient et de l'inconscient dans le traitement de l'information.

Tableau 2
Modes de traitement de l'information

Le conscient		Le préconscient		L'inconscient
Agit sur les réalités objectives et perçues (rôle de l'hémisphère gauche)	↔	Enregistre la réalité brute, sans la traiter (grâce à l'hémisphère droit)	↔	Camoufle la réalité sur le plan des symboles (grâce à l'hémisphère droit)
Fournit une représentation directe de la réalité perçue	↔	Fournit une représentation allégorique, métaphorique et émotionnelle de la réalité emmagasinée	↔	Évite que la réalité camouflée ne remonte à la conscience
Opte pour le langage	↔	Opte pour les images et les sentiments	↔	Se trahit par le biais des symboles et des rêves
Parvient à l'abstraction	↔	Favorise les associations libres		
			↔	Agit secrètement souvent contre le « moi »
		Emmagasine les faits, événements, éléments sensoriels, réactions affectives et émotions	↔	Emmagasine les faits, événements, éléments sensoriels, réactions affectives et émotions
		Établit des relations, de multiples combinaisons entre tous les éléments emmagasinés	↔	Utilise les éléments emmagasinés à ses fins, lesquelles échappent au « moi »

Le mode préconscient de traitement de l'information caractérise la créativité selon Kubie. Encore faut-il que le préconscient maintienne les distances qui le séparent de la pensée inconsciente et consciente pour que l'activité créatrice s'exerce.

> Les processus du préconscient sont assaillis de deux côtés. D'une part, ils sont harcelés, forcés vers un état où les symboles deviennent rigides, déformés par des conduites inconscientes qui s'éloignent de la réalité et consistent en des compromis rigides et dépourvus de toute invention fluide. D'autre part, ils sont dirigés vers un but littéralement conscient qui est vérifié et corrigé rétrospectivement par la conscience critique. La singularité de la créativité, c'est-à-dire sa capacité de trouver et de rassembler quelque chose de nouveau, dépend de la marge qui est conférée aux fonctions préconscientes pour qu'elles puissent s'exercer librement entre ces deux gardiens de prison omniprésents, concourants et oppressifs. (Kubie, 1961, p. 45)

La théorie de Kubie permet de synthétiser ainsi l'orientation de la personne créatrice. Elle a plus de facilité à accéder au préconscient et à l'explorer; elle sait mettre en veilleuse le trop grand conformisme du conscient et la représentation anarchique des images et fantasmes de l'inconscient; cependant, elle profite de la liberté qu'offrent les processus du préconscient. En conséquence, les enseignantes qui ont mis en place les stratégies pour activer l'hémisphère cérébral droit ont eu comme préoccupation constante d'amener leurs élèves à puiser dans les ressources de leur préconscient.

Théorie de l'analogie

La théorie qui a inspiré la démarche analogique utilisée dans les trois stratégies antérieures a été exposée dans l'ouvrage de Gordon, *Synetics : The Development of Creative Capacity* (1947). Le centre de recherche de Gordon, Massachusetts Institute of Technology, a élaboré un ensemble d'hypothèses et de postulats pour expliquer la créativité; on y découvre des points communs avec la théorie de la spécialisation des hémisphères cérébraux, celle du préconscient et celle du jeu figuratif. Ces théories convergent aussi vers les considérations sur le processus et les états psychologiques de la créativité.

Les hypothèses et postulats

Essentiellement, le processus de créativité est lié à la pensée latérale selon une première hypothèse. En effet, il est activé davantage par la composante émotionnelle de l'être humain et la prédominance de l'irrationnel que par les ressources intellectuelles et rationnelles. D'où le caractère étrange des activités préparatoires à l'exécution des tâches dans chacune des trois stratégies d'enseignement; d'où l'étonnement des élèves habitués à fonctionner de façon rationnelle; d'où, sans doute, la réticence des lecteurs peu familiers avec la démarche. La prise de conscience du processus de créativité constitue une deuxième hypothèse. Les recherches de Vygotsky (1934, 1962) ont démontré que l'efficacité d'un processus est décuplée quand la personne en prend conscience. Reprenant cette idée, Gordon affirme : « L'efficacité créatrice des individus peut être augmentée de façon marquée s'ils comprennent les processus psychologiques par lesquels ils opèrent » (1947, p. 6). Les activités portant sur la connaissance du processus de créativité et des états psychologiques qui le provoquent sont plus marquées dans la stratégie d'expression créatrice. Cependant, une troisième hypothèse vérifiée par Gordon en laboratoire explicite la précédente et doit également être considérée : « Ce sont les éléments émotionnels, irrationnels qui doivent être compris pour augmenter la probabilité de succès dans une situation de solution de problèmes » (Gordon, 1947, p. 6). Le fait est que « ce qui paraît saugrenu, absurde, épars, se justifie une fois l'effet de surprise passé » (Desrosiers, 1975, pp. 35-36). Le processus pour trouver les solutions aux problèmes est irrationnel, par contre, les solutions sont rationnelles. Si la compétence et les aptitudes dans un domaine sont des atouts pour trouver des solutions créatrices, elles ne vont pourtant pas sans l'implication du préconscient.

Outre les trois hypothèses précédentes explicitant la théorie analogique ou synectique de Gordon, un ensemble de postulats sont énoncés à l'appui de l'activité synectique. La première affirmation est que le processus créatif peut être expliqué et décrit de sorte qu'on peut entraîner des personnes à accroître leur créativité. Ceci va à l'encontre de l'école de pensée, selon laquelle « pédagogie de la créativité » est une contradiction dans les termes. Pour les tenants de cette école, agir sur le processus, le rendre conscient, c'est l'annihiler. Une fois mieux compris le rôle du corps calleux dans l'harmonisation des deux hémisphères cérébraux, peut-être trouvera-t-on une argumentation acceptable par ceux qui croient que la créativité est une génération spontanée. Une deuxième affirmation soutient que la créativité ou l'invention suit le même processus quelle que soit la nature du produit. Ainsi, créer dans le domaine des arts, des sciences ou du génie, c'est actualiser la même démarche. C'est dire qu'une fois cette démarche saisie, un modèle comme celui de la synectique, qui s'en inspire, peut être réinvesti par l'enseignant dans des domaines d'enseignement divers. Les croyances voulant que les arts soient le fruit d'une inspiration spéciale, voire mystique, non sujette à l'objectivation, ces croyances ne correspondent pas aux observations de Gordon. Un dernier postulat a des retombées pédagogiques importantes; il énonce que le processus d'invention est le même qu'il s'agisse d'une invention par un individu ou par un groupe. Les activités synectiques peuvent donc être conduites avec un groupe sans craindre de contrarier la démarche créatrice des individus. Bien sûr, cela n'empêche pas que certains individus soient plus à l'aise dans une situation où ils peuvent travailler seuls. Le travail en groupe a des effets positifs dans le sens que la coopération, par la mise en commun des ressources, des idées et des réactions, pourra renforcer la créativité de l'individu à un moment donné du processus et lui permettre de mieux travailler seul par la suite. Pour Gordon, un groupe s'adonnant à la synectique peut « concentrer en quelques heures la sorte d'activité mentale semiconsciente qui prend des mois d'incubation à une personne seule » (Gordon, 1947, p. 10). Il a été possible de vérifier l'efficacité du travail en groupe lors des activités créatrices de la première stratégie qui ont permis à Martin de surmonter les obstacles à son expression écrite.

Les étapes du processus de créativité

L'idée que la création obéit à un processus se déroulant dans le temps, selon des étapes distinctes, a été présentée dès 1926, par Graham Wallas dans *The Art of Thought*. Les modèles explicatifs développés par Young, Rossman, Osborn, Taylor, Dewey, Bono, Gordon et Fabun (Paré, 1977, pp. 90-91) décrivent aussi le processus en quatre phases : la préparation, l'incubation, l'illumination et la vérification. Changeux et Connes (1989) ont repris ces phases pour caractériser l'activité du « mathématicien neuronal ».

La **préparation** correspond à la phase du processus de créativité où l'individu s'intéresse à un problème ou à un projet, investit dans le domaine et nourrit un intérêt sinon une passion grandissante. L'individu consulte diverses sources pour enrichir sa connaissance de la question, c'est le savoir accumulé par divers médias et le savoir codifié dans la mémoire. Il va sans dire que les données en vrac issues de l'information font l'objet d'un tri à la suite duquel émergent une problématique, des hypothèses et une recherche de solutions qui comportent des échecs et des erreurs. Cette étape du processus de créativité relève de l'activité consciente de l'individu, de sorte que l'information est traitée de façon objective, par l'hémisphère cérébral gauche, ce qui, au dire des chercheurs, ne se répète pas à l'étape suivante du processus : l'incubation.

L'**incubation** détermine la phase où la personne en recherche prend du recul face à la tâche ayant l'impression d'avoir épuisé les ressources de la « pensée directe », rationnelle. Cela revient à délaisser la manière frontale d'aborder la tâche afin de permettre aux données accumulées, aux solutions envisagées de se décanter. « C'est une sortie psychologique et une sorte de renoncement temporaire au problème, selon la formule de MacKinnon, qui permet l'émergence de facteurs inconscients ou irrationnels » (Provencher, 1987, p. 72). Il faut laisser le temps faire son œuvre ou, selon l'expression populaire, « dormir sur le problème ». Pour Changeux et Connes (1989, p. 112) : « Si l'on pense trop directement au problème (mathématique), on épuise assez vite les outils accumulés au cours de la première phase et on se décourage. Il faut libérer la pensée, de telle sorte que le travail subconscient puisse se produire ». Faire place à l'inconscient, au préconscient, à la pensée latérale ou à l'hémisphère droit du cerveau, autant d'appellations qui se rapportent aux composantes émotionnelles et irrationnelles inhérentes au processus créatif, notamment à l'étape de l'incubation.

Ces deux premières étapes du processus créatif sont bien marquées dans la syntaxe des trois stratégies visant soit la création de quelque chose de nouveau, soit l'exploration de l'inconnu. En effet, le déroulement des activités s'effectue en phase première de la syntaxe, par la recherche d'informations sur la tâche ou le problème, c'est l'élaboration; suivent les phases du jeu analogique où le problème sort du champ de la conscience pour être pris en charge par le préconscient, selon la théorie de Kubie, c'est l'incubation. Cette étape du processus sera poursuivie jusqu'à ce qu'une solution fasse irruption.

La phase de l'**illumination**, selon Fabun (1971), correspond à ce que les gestaltistes allemands, notamment Köhler (1929) dans ses travaux sur la perception et l'apprentissage, appellent l'« *Einsicht* »; la traduction anglaise « *insight* » est aussi retenue en français. L'artiste, le chercheur, l'inventeur ont l'intuition de la solution; la lumière se fait sur le problème, c'est « l'eurêka » d'Archimède et « l'état de grâce poétique » de Saint-Denys Garneau. Il s'est produit une « résonance de représentations mentales entre elles » (Changeux et Connes, 1989, p. 159) jugée appropriée au problème à résoudre. Le brouillard est levé, c'est l'illumination, le moment d'ivresse, l'expérience d'une profonde harmonie! Cette charge émotionnelle intense s'expliquerait, selon les auteurs cités, par le fait que la résonance, en débordant le cortex frontal où elle se produit, rejoindrait le système limbique, siège du plaisir.

Le moment de l'illumination conduit le processus créateur à son sommet. Soudainement, le créateur saisit la solution de son problème, le concept qui unifie toutes les informations et la pensée qui complète la chaîne des idées sur laquelle il travaille. Au moment de l'inspiration, tout tombe en place [...] L'inspiration n'est pas seulement imprévisible, elle est aussi rassurante, en ce sens que le créateur a la certitude que son intuition est juste avant même qu'il la vérifie logiquement. Plus encore, l'inspiration est l'une des joies les plus intenses que l'homme puisse connaître. Lorsque la vision claire de ce qui lui a si longtemps fait défaut s'impose à lui, le créateur est consommé d'exaltation. (Kneller, 1965, p. 53)

Dans les stratégies basées sur le jeu analogique, l'illumination correspond au moment où, parmi l'ensemble des analogies produites, une idée s'impose soudainement. On a saisi l'analogie féconde capable d'apporter une solution au problème; les analogies ont suscité « l'état de grâce poétique » qui présidera aux accomplissements littéraires; on peut anticiper le transfert de ce qui a été compris. Le produit créatif n'existe pas encore, l'intuition sera parfaite à l'étape de l'élaboration.

L'**élaboration**, appelée aussi vérification, est cette phase où le créateur doit unifier les matériaux utiles à la solution ou à l'œuvre à produire; on intègre, on harmonise les données et on expérimente pour parvenir au produit final. C'est en quelque sorte l'étape où le raisonnement et le jugement parachèvent le travail de l'imagination. C'est, dans le cas des chercheurs scientifiques, la longue et minutieuse phase de l'expérimentation systématique. La pensée consciente entre en jeu avec les attributs qui la caractérisent : discipline, persévérance et rigueur.

Ainsi, dans les stratégies, après avoir mené les jeux analogiques qui avaient pour but de faire oublier le problème et de susciter un état psychologique où le préconscient pouvait être activé — étapes de l'incubation et de l'illumination —, vient alors la phase syntaxique où il faut réviser la tâche initiale. C'est le moment de livrer le produit attendu; c'est la phase d'élaboration ou de vérification du produit créatif. Lors de la première expérimentation, à la phase finale, les élèves ont produit un texte plus créatif que le premier, les jeux analogiques ayant contribué au renouvellement de la vision originale. Dans la stratégie traitant de la *commedia dell'arte*, l'élaboration correspond à cette phase finale de la syntaxe où les élèves sont devenus familiers avec la forme théâtrale qui leur était inconnue avant la mise en place des jeux analogiques et sont parvenus à une généralisation large à base de transferts. Lors de la stratégie de résolution d'un problème de lecture, l'élaboration se confond avec le canevas du conte qui comporte une solution pour la lecture des mots où se trouve la lettre g; le dessin a joué un rôle important au cours de cette phase.

Les états psychologiques propres à la créativité

On peut faire correspondre les quatre étapes du processus de créativité aux cinq états psychologiques décrits par Gordon. L'éducateur doit les susciter lorsqu'il veut développer la créativité. Dans le rapport d'expérimentation sur l'écriture créatrice, l'enseignante a présenté les états comme des niveaux de bizarrerie, une échelle à cinq échelons. Au premier niveau, l'enseignante invite les élèves à oublier les préoccupations environnantes et à s'impliquer totalement dans la tâche; c'est le détachement et l'engagement. Pour parvenir à des idées bizarres et fécondes, les enseignantes mettent les élèves en garde contre la tentation de se fixer sur une première idée qui voudrait s'imposer prématurément; elles stimulent la fluidité, soit le grand nombre des idées, et la flexibilité des idées, c'est-à-dire leur diversité : c'est l'ajournement. Détachement, engagement et ajournement sont trois états psychologiques qui prévalent durant la phase du processus de créativité appelée « préparation », phase durant laquelle on cherche à éviter la dominance de l'hémisphère gauche sur le droit.

La spéculation est l'état psychologique où l'individu laisse courir son esprit, se permettant d'être divergent. Il élargit le cadre de sa pensée afin que des éléments de variabilité prennent place et que des associations nouvelles se forment; c'est le sursis ou l'étape du processus appelée l'incubation. Quant à la phase du processus appelée « illumination », elle comporte deux états psychologiques : l'autonomie, soit ce moment où les idées commencent à apparaître; la réponse hédonique alors que l'individu a l'intuition que sa solution est la bonne, il éprouve le plaisir anticipé de l'œuvre accomplie ou du problème résolu. D'où les expressions suivantes pour décrire l'« illumination » : la « naissance d'une idée », selon Young et Rossman, les « alternatives » de Bono, les « solutions possibles » de Dewey et la « synthèse » de Osborn (Paré, 1977).

> **En guise de conclusion, la théorie de Gordon actualisée dans un modèle que les enseignants peuvent appliquer se résume ainsi : faire appel à l'irrationnel, rendre la personne consciente du processus qu'elle suit lors d'activités créatrices et des éléments tant émotionnels qu'irrationnels qui le sous-tendent, décupler les possibilités créatrices par l'entraînement, appliquer le processus aux arts et aux sciences, stimuler la découverte par le travail en groupe ou individuel et provoquer les états psychologiques appropriés au déclenchement du processus de créativité.**

Activité 4

Association Musique et Science

Le processus et les états psychologiques propres à la créativité caractérisent aussi bien le domaine des sciences que celui des arts. Selon Einstein, homme de science et grand amateur de violon, la musique et la science « s'alimentent à la même source de désir ardent et se complètent par la libération qu'elles offrent » (*Brain/Mind Bulletin*, 1988-1989).

Pensez à la façon dont un thème musical se développe en de nombreuses variations dans une symphonie classique, par exemple. Introduisez un thème majeur en physique ou dans une autre discipline scientifique et développez-le en de nombreuses variations. Suggérez la même activité à votre classe. Le thème de départ devrait alors donner naissance à une série d'interprétations logiques mais étonnantes.

Théorie du jeu figuratif

La théorie du jeu figuratif a été élaborée à partir de l'analyse factorielle de la créativité dans un large corpus de textes d'élèves de huit à douze ans et grâce à l'analyse de contenu d'un ensemble de textes représentatifs des niveaux de créativité suivants : supérieur, moyen supérieur, moyen inférieur et inférieur; elle est exposée dans *La créativité verbale chez les enfants* (Desrosiers, 1975).

Sa nature

La théorie du jeu figuratif explique la nature de la créativité dans les textes rédigés par de jeunes élèves. Les résultats convergents des analyses quantitative et qualitative des textes ont démontré que les figures « définissent la créativité et qu'il faut les considérer comme l'invariant de la structure, le moyen vers lequel convergent les systèmes linguistiques, psychologiques et morphologiques impliqués dans la créativité verbale » (Desrosiers, 1975, p. 136). Les mêmes analyses reprises par Créma (1978, pp. 39-53), auprès d'enfants italiens, ont confirmé l'hypothèse du jeu figuratif pour rendre compte de la créativité verbale. Une deuxième conclusion, « c'est que les unités constantes et constitutives de la créativité verbale sont les réseaux de figures ou le jeu des figures et non telle ou telle figure en particulier » (Desrosiers, 1975, p. 171; Créma, 1978, p. 51). Essentiellement, il s'agit d'« un jeu de figures fondé sur des oppositions et des liaisons au plan de la langue et de la morphologie » (Desrosiers, 1975, p. 176). Le jeu figuratif découle davantage de l'activité de l'hémisphère droit, notamment chez de jeunes élèves qui ignorent tout de la rhétorique, et il se situe à la jonction de la théorie du préconscient de Kubie et de la théorie analogique de Gordon. En effet, en ayant établi que la pensée divergente relève du préconscient, que la pratique de l'analogie et de la métaphore définit les activités synectiques, il arrive que, d'une part, dans le domaine précis de l'écriture, la divergence ou le non-conformisme se manifeste par le biais des figures qui sont, par définition, des écarts (Genette, 1966, p. 209) et que, d'autre part, « l'analogie rend compte de plusieurs figures, notamment de la métaphore qui, au dire de Cohen, est la racine des figures de style » (Desrosiers, 1975, p. 12).

Des outils d'évaluation de la créativité

La théorie du jeu figuratif a été établie à l'aide d'outils développés lors de la recherche sur la créativité; ce sont eux que l'enseignante a utilisés pour évaluer l'écriture expressive des élèves qui ont vécu la stratégie présentée. Le premier outil est un modèle d'analyse qui permet de répertorier les figures d'un texte tant au plan linguistique, soit à l'intérieur de la phrase, qu'au plan morphologique, soit l'organisation du texte. Les figures sont réparties en deux catégories selon qu'elles s'insèrent dans le déroulement du texte, figures liées aux unités syntagmatiques, ou selon qu'elles se substituent comme équivalences, figures liées aux unités paradigmatiques. Le modèle d'analyse est présenté dans le tableau 3.

Tableau 3
Modèle d'analyse du jeu figuratif

Plan linguistique	
Unités syntagmatiques Figures	Unités paradigmatiques Figures
Plan morphologique	
Unités syntagmatiques Figures	Unités paradigmatiques Figures

Source : Rachel Desrosiers, 1975, p. 57.

Voici le tableau des figures répertoriées dans un texte présentant un niveau supérieur de créativité et dont l'auteure est âgée de 10 ans (Desrosiers, 1975, p. 74).

Tableau 4
Tableau des figures

Nombre	Unités syntagmatiques	Nombre	Unités paradigmatiques
	PLAN DE LA LANGUE		
1	contraste	1	métaphore
1	opposition	3	métonymie
3	inversion	1	antonomase
1	parallélisme	3	jeu de mots
1	suspension	1	épithète
1	redondance	1	énallage
1	pléonasme		
1	chiasme		
	PLAN DE LA MORPHOLOGIE		
1	inconséquence	15	personnification
1	attelage	1	hypallage
1	parenthèse	3	personnalisation
1	ellipse		
1	inversion		
1	enchâssement		
a = fl 10, fx 8		b = fl 10, fx 6	
A = fl 6, fx 6		B = fl 19, fx 3	

Les figures de chacune des quatre classes sont compilées au bas du tableau. Les abréviations fl et fx représentent respectivement le nombre et la variété des figures.

Si l'on compare les résultats ci-dessus avec ceux du tableau 5 qui retrace les figures dans un texte écrit par un élève de 9 ans et classé au niveau inférieur de créativité, la différence est marquante. Vu le haut degré de signification de cette différence dans l'ensemble du corpus des textes analysés, il a été possible de confirmer statistiquement l'hypothèse du jeu figuratif en tant qu'invariant de la structure de la créativité verbale chez les enfants.

Tableau 5

Tableau des figures

Nombre	Unités syntagmatiques	Nombre	Unités paradigmatiques
	PLAN DE LA LANGUE		
1	redondance		
	PLAN DE LA MORPHOLOGIE		
		1	personnification
a = *fl* 1, *fx* 1		B = *fl* 1, *fx* 1	

Pour interpréter les résultats de l'inventaire des figures d'un texte, l'enseignant doit d'abord se rappeler que la créativité verbale repose sur un invariant : les figures, et que celles-ci, pour témoigner de la créativité d'un texte, doivent être agencées selon des lois précises (Desrosiers, 1975, p. 175) :

1. la loi du nombre (fluidité) des figures;

2. la loi de la variété (flexibilité) des figures;

3. la loi de la densité (qualité ou originalité) des figures.

Un deuxième outil pour évaluer la créativité verbale est bâti à partir des critères de créativité énumérés dans la figure 1 de la page 95.

Les cinq critères de créativité du schéma apparaissent dans l'aire du pôle positif. Pour faire fonctionner le schéma, l'analyste a recours aux facteurs de discrimination centraux; s'il juge que les facteurs de discrimination inclinent vers le pôle négatif, il attribue à chacun la cote 1; le langage neutre domine et le texte est classé dans la catégorie inférieure de créativité, où le total des scores obtenus est 5, 6 ou 7 points. Si, au contraire, les facteurs de discrimination s'orientent vers la série de critères situés dans le pôle positif, le langage figuratif domine, celui qui définit un niveau supérieur de créativité. Les scores sont 13, 14 ou 15 points. Dans l'aire centrale, les textes oscillent entre l'un ou l'autre pôle, ils représentent une créativité moyenne autour des scores 8, 9, 10, 11 et 12 points. Les divers types de discours et leurs intentions spéci-fiques se répartissent sur l'axe fonctionnel du langage figuratif et du langage neutre, entre le discours à caractère poétique et ludique, et le discours informatif.

Figure 1
Schéma opérationnel des critères de créativité[1]

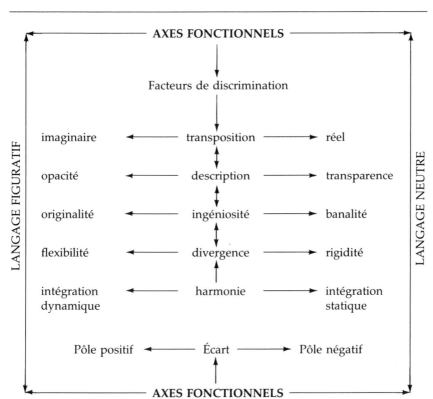

Source : Rachel Desrosiers, 1975, p. 21.

De façon opérationnelle, l'analyste utilise le schéma pour interroger le texte à évaluer sous cinq angles différents.

1. Le message transmis a-t-il fait l'objet d'une transposition? Si oui, l'imaginaire est actif; si non, le texte reproduit le réel.

2. Le message a-t-il besoin d'être décrit? Si oui, le sens n'est pas immédiatement saisi; il existe entre le signifiant et le signifié, une distance où peuvent s'inscrire des formes, c'est-à-dire des

---

1. Les coordonnées verticales indiquent les facteurs de discrimination de la créativité et les coordonnées horizontales, la marge d'écart qui permet de mesurer la créativité.

figures, rendant le message opaque et créant du fait même un espace pour rêver ou recréer. À l'opposé, le message est clair, objectif et transparent. La distance entre le signifié et le signifiant est réduite au minimum, de sorte que le sens est immédiatement intelligible. Le message actualise des fonctions linguistiques où le langage neutre est nécessaire.

3. Le message fait-il preuve d'ingéniosité d'esprit ou non? L'originalité est un facteur de créativité; la banalité caractérise un esprit qui s'accommode des normes et qui se contente d'exprimer des lieux communs et des idées courantes.

4. Le message est-il considéré comme divergent ou convergent? La possibilité de s'écarter des façons connues d'exprimer quelque chose, l'aptitude à restructurer les situations, la capacité d'inventer, ce sont là des indices d'un esprit flexible, alerte et libre. À l'opposé, le normatif, la persistance et la rigidité sont des règles que le message convergent respecte.

5. Le message qui est traduit avec harmonie est ressenti comme tel, sans effort de réflexion de la part du lecteur. Le texte fait preuve d'intégration et ce critère a été défini antérieurement, par les auteurs Selye et Anderson, dans le sens de la vérité du texte — conformité aux faits — et de la fidélité de l'auteur à son interprétation des faits. L'analyste tient pour acquis que l'auteur sait transcrire la réalité par le médium de l'écriture; il se concentre donc sur l'intégration des éléments afin d'évaluer le caractère dynamique ou statique du texte. Dans le premier cas, il faut que le texte comporte des éléments discordants à agencer, qu'il y ait eu rupture, disjonction à un niveau donné du message et que cette non-linéarité soit harmonisée ou intégrée de façon à ce que le texte ne verse pas dans l'incohérence et l'inintelligibilité. L'intégration qui est dite statique est celle qui s'effectue en l'absence des matériaux du préconscient; elle va de soi ne donnant pas lieu à une confrontation entre l'apport non rationnel et rationnel; le texte n'est pas un lieu d'harmonisation de l'activité complémentaire des hémisphères cérébraux.

Des jeux figuratifs typiques

Quels sont les écarts auxquels les jeunes élèves ont recours le plus fréquemment et qui orientent les textes vers le pôle du langage figuratif? La figure de la personnification qui insuffle la vie aux êtres inanimés est en tête de liste dans le corpus des textes analysés et s'apparente à l'analogie personnelle exposée dans la théorie de Gordon. Il semble que cette figure serve d'entrée dans le monde de la divergence. Les écarts regroupés sous la catégorie « figures de coordination » ont un impact puissant pour créer l'élément de surprise nécessaire dans toute production créatrice. Ce sont les figures de coordination liées à la morphologie des textes qui sont les plus étonnantes et l'analogie conflictuelle qu'on retrouve dans les stratégies d'enseignement, en faisant triompher le paradoxe fait partie de ces figures; elles « opèrent des fissures dans le bloc rigide de la pensée conventionnelle » (Desrosiers, 1975, p. 160) de l'hémisphère cérébral gauche. Les répétitions, souvent décriées à l'école, ne doivent pas être ostracisées systématiquement, elles ont le pouvoir d'engendrer des effets d'incantation et le plus souvent elles sont justifiées par l'intensité émotive qui n'arrive pas à se libérer d'un seul trait. La figure de la métaphore se situe au cinquième rang par ordre de fréquence, mais sûrement au premier comme jeu figuratif qui renouvelle un texte : « [...] une métaphore de qualité est peut-être le type d'opacité par excellence » (Desrosiers, 1975, p. 151). Les éléments d'implication personnelle dans un texte ont été comptabilisés sous l'étiquette « figure de personnalisation » tant il est vrai qu'« un maximum d'actualisation de soi » peut définir la créativité, au dire de Maslow (cité par Anderson, p. 237). Au septième rang, en importance quantitative, se retrouve la comparaison, figure fondée sur l'analogie directe. Dans les textes peu créatifs, les comparaisons, si elles existent, sont surtout objectives et convergentes; par contre, elles possèdent un pouvoir suggestif puissant dans certains textes créatifs. C'est ainsi qu'Alexandra (10 ans) laisse libre cours à sa subjectivité et compare la sérénité de la flamme du foyer à un bouton de rose qui éclate au soleil. Enfin, un ensemble d'autres figures apparaissent dans le corpus des textes analysés, de sorte que le jeu figuratif qui explique la créativité verbale témoigne hautement de l'activité du préconscient et du rôle indispensable de l'hémisphère cérébral droit dans le renouvellement d'une perception coutumière des choses.

> En objectivant les stratégies d'enseignement qui ont servi d'ancrage à des théories diverses, il semble que le pouvoir mystérieux et trop longtemps inexploité de l'hémisphère cérébral droit, du préconscient et du langage figuratif est maintenant un peu mieux appréhendé. Reste à fermer la boucle et à présenter le modèle d'enseignement qui a guidé les enseignantes dans la planification de stratégies capables de faire interagir les variables de la situation pédagogique dans le sens des objectifs de créativité qu'elles s'étaient fixés. On approfondira donc, dans le prochain chapitre, le mécanisme de l'analogie qui est à la jonction des théories décrites; on proposera des activités d'entraînement à la production d'analogies; enfin, on dégagera le modèle de la synectique qui fait de l'analogie l'élément unificateur de sa structure.

Activité 5

Rédaction de commentaires de lecture

Avant d'aborder le modèle de créativité appelé synectique, réfléchissez aux trois théories présentées dans le présent chapitre. Comment pourraient-elles donner lieu à des activités d'enseignement où l'hémisphère droit serait mis à contribution?

Rédigez vos commentaires, questions ou réactions sur une feuille. Vous reviendrez à ce texte dans une étape ultérieure de votre démarche pour confirmer ou infirmer vos propos.

Chapitre 4

Modèle d'enseignement adapté aux deux hémisphères cérébraux

Pouvoir dégager de l'action didactique les théories qui ont présidé à l'enseignement et à l'apprentissage s'avère une activité satisfaisante pour l'esprit. Cependant, au-delà d'une pure spéculation, le couple théorie/modèle est très efficace pédagogiquement. Le modèle est un médiateur; son caractère fonctionnel et réductif rend le passage entre une théorie éprouvée et son actualisation pratique plus facile et contrôlable. Le concept de modèle d'enseignement a été défini par Weil, Joyce et Kluwin (1978) comme :

> [...] un ensemble de lignes directrices pour le design d'activités et d'environnements éducationnels. Il précise des façons d'enseigner et d'apprendre qui permettent d'atteindre certains types de buts. Un modèle inclut une justification, une théorie qui fonde cette justification et qui décrit ce qu'il convient de faire et pourquoi. La justification peut s'appuyer sur des résultats de recherche qui démontrent que le modèle est efficace.

Le modèle synectique doit son nom au fait qu'il allie un ensemble d'éléments disparates; il est issu des travaux de recherche de William Gordon au laboratoire expérimental de l'Institut de technologie du Massachusetts. Ce modèle est adapté à la complexité parce qu'il se situe dans une perspective globale de l'éducation où les procédés de découverte s'effectuent de façon circulaire. En effet, le modèle fait alterner le fonctionnement global et analytique qui caractérise les hémisphères cérébraux dans un souci de ne pas « dissoudre le multiple dans l'un, ni l'un dans le multiple » (Morin, 1990, p. 167).

Mécanisme de la synectique

Le mécanisme des stratégies issues du modèle synectique est l'analogie. Le Robert (p. 146) définit celle-ci comme un « rapport entre deux ou plusieurs choses qui présentent quelque communauté de caractère ». L'analogie rend compte de plusieurs figures de pensée, notamment de la métaphore considérée par Cohen (1966, p. 116) comme la racine de toutes les figures, comme nous l'avons mentionné plus tôt. Ainsi, par le truchement analogique, le jeu figuratif s'inscrit au cœur de l'activité créatrice. Démarche de détour, l'activité métaphorique relève aussi bien de la pensée consciente et inconsciente que de la pensée préconsciente (Ferguson, 1981). Pour accéder aux ressources du préconscient, elle est particulièrement désignée, selon la théorie de Kubie. On se rappelle que, dans sa façon de traiter l'information, le préconscient emmagasine la réalité brute et ne livre ce matériel que sous forme de représentation allégorique, métaphorique et émotionnelle. Le jeu analogique facilite aussi la découverte de relations entre les êtres, relations très élargies qui mènent à la formulation de concepts nouveaux. Le mécanisme de l'analogie permet de rendre l'insolite familier et le familier étrange. Selon Gordon (1947, pp. 24-25) :

> Cette quête de l'insolite n'est pas menée par goût gratuit du bizarre; c'est un effort conscient pour voir sous un nouveau jour les gens, les idées, les sensations, les objets, le monde toujours le même [...]. Nous sommes héritiers d'une foule de modes d'expression et de perceptions figés qui nous enveloppent dans un univers de tout repos. Il faut pourtant se défaire de cet héritage protecteur, courir ce risque et comprendre par quels mécanismes l'esprit tolère l'ambiguïté : ce sont les conditions d'une vision neuve.

Gordon rejoint des auteurs comme Brunschwicg et Leibniz pour qui « l'esprit, dans son activité inventive, est essentiellement faculté d'analogie : discerner de nouveaux rapports et les coordonner » (Boirel, 1966, p. 50). Selon la nature du rapport établi entre deux ou plusieurs choses qui se ressemblent, on obtient des variantes du mécanisme analogique : l'analogie personnelle, l'analogie directe, l'analogie symbolique et l'analogie fantastique ou fantaisiste.

L'analogie personnelle

L'analogie personnelle est un mécanisme qui amène l'individu à s'identifier à quelque chose d'autre. Il s'engage dans un problème au point de s'y assimiler, de se sentir devenir une partie des éléments physiques du problème. L'identification peut s'établir avec une personne, un animal, une plante, voire une chose. C'est l'empathie poussée à son paroxysme. L'analogie personnelle exige de l'individu qu'il se dégage de lui-même, qu'il relâche le contrôle interne parfois assez rigide qu'il exerce sur sa pensée et qu'il mette en veilleuse le comportement rationnel. Ceci ne va pas sans déclencher souvent de l'anxiété, car dans ce jeu de l'analogie personnelle, il n'existe plus de balises ni de repères connus, contrairement à une situation où la rationalité guide les actions. Pourtant, accepter de n'être pas « raisonnable », c'est le préalable nécessaire à l'activité préconsciente où l'hémisphère droit entre en jeu pour traiter l'information de façon non logique, tel que nous l'avons exposé antérieurement. Le sentiment de ridicule que certains éprouvent à s'adonner au jeu de l'analogie personnelle sera atténué, sinon éclipsé, au récit de l'importance de l'identification analogique pour plusieurs savants et artistes (Provencher, 1987, pp. 141-143). Hadamard (1945, pp. 142-143) rapporte que Einstein avait une puissance d'identification extraordinaire, c'était pour le savant une façon de s'approprier les abstractions les plus complexes.

L'analogie directe

L'analogie directe est bien connue sous le nom de comparaison, « figure qui établit un rapport de ressemblance entre deux objets dont l'un sert à évoquer l'autre » (Desrosiers, 1975, p. 229). En synectique, les participants au jeu de l'analogie directe cherchent, dans divers domaines et sphères d'activités, des éléments qu'on peut rapprocher ou comparer au problème à résoudre.

Une analogie directe qui offre beaucoup de points de ressemblance avec un objet ou un concept à l'étude est efficace dans une stratégie d'exploration de l'inconnu, comme c'est le cas pour l'exemple de la *commedia dell'arte*. Par contre, si la tâche consiste à renouveler ce qui nous est familier — voir ma main sous un nouveau jour — alors l'analogie directe la plus fructueuse n'est pas nécessairement celle qui permet un parallèle immédiat point par point; sa richesse est plutôt proportionnelle à l'éloignement entre les deux éléments comparés. Plus la distance est grande, plus elle exige de se familiariser avec quelque chose de nouveau. Gordon (cité par Weil, Joyce et Kluwin, 1978, p. 36) donne les exemples suivants pour illustrer divers niveaux de bizarrerie dans la recherche de solutions créatrices. Une roue d'automobile peut être comparée aux objets suivants qui tournent en se déplaçant; les analogies sont présentées selon un ordre ascendant d'originalité :

1. le couteau d'ouvre-boîte électrique;
2. le rotor d'un hélicoptère;
3. l'orbite de Mars;

4. une graine tournoyante;

5. un serpent enroulé.

L'analogie symbolique

Le symbole « consiste à employer un terme concret pour désigner autre chose en vertu d'une correspondance analogique » (Desrosiers, 1975, p. 231); la balance est le symbole de la justice. C'est une image impersonnelle et objective pour décrire le concept. L'analogie symbolique, processus d'abstraction et de transposition poétique, a l'avantage d'être instantanée et très claire. On connaît l'importance de ce type d'analogie qui a donné son nom au courant littéraire : le symbolisme. Dans son célèbre sonnet *Correspondances*, Baudelaire (1947) utilise le temple comme symbole de la nature :

> La nature est un temple où de vivants piliers
> Laissent parfois sortir de confuses paroles,
> L'homme y passe à travers des forêts de symboles
> Qui l'observent avec des regards familiers.

Rimbaud symbolise l'aventure du poète en quête des révélations d'un monde inconnu dans le poème « Bateau ivre ». Sur les traces des symbolistes français, Émile Nelligan utilise le symbole du « Vaisseau d'or » pour décrire son expérience esthétique.

Freud insiste sur la présence du réel derrière le symbole. L'artiste modèle ses fantaisies sous des réalités nouvelles : « [...] vérités d'un type nouveau chéries par l'homme comme de précieuses réflections de la réalité » (1911). Freud souligne que de telles représentations ne sont pas moins vraies à cause de leur caractère symbolique ou métaphorique. Trouver des similarités qui révèlent des aspects nouveaux de la réalité peut être aussi valable que d'énoncer des propositions logiques.

L'analogie fantastique ou fantaisiste

Le fantastique est dû à l'imagination se substituant au réel pour établir les relations entre les éléments. Ainsi, dans une situation où il faut résoudre un problème, les participants recherchent les solutions les plus saugrenues ou bizarres qui viennent des profondeurs de leur imagination, de rêves, de légendes ou d'histoires dites fantastiques. C'est le recours à la magie et l'abandon à l'illusion pour résoudre un problème. Que se passerait-il dans le meilleur des mondes? Torrance (1969) fait appel à ce type d'analogie dans la forme verbale de son test de créativité.

Grâce au jeu analogique sous ses différentes formes, le sujet est amené à faire osciller sa pensée d'un pôle de convergence où la logique domine, vers un pôle de divergence où le dépaysement imaginatif règne; l'analogie est une clé puissante pour accéder au matériel emmagasiné dans le préconscient par les activités de l'hémisphère cérébral droit. Aussi, l'efficacité de l'approche synectique est-elle dépendante de l'habileté à produire et à exploiter des analogies fécondes; celles-ci relèvent du domaine esthétique et diffèrent d'un individu à l'autre, d'où une grande variété de réponses venant des participants, variété qui sera d'autant plus marquée que l'hémisphère cérébral droit sera vraiment libéré. L'âge des participants est aussi un facteur important. Les jeunes élèves, à cause de leur expérience limitée, ont tendance à fournir des métaphores générales et ont de la difficulté à récupérer le matériel analogique pour accéder à la phase de la résolution du problème. Les étudiants, parce qu'ils ont eu l'occasion d'explorer leurs idées, fourniront des analogies plus particulières et seront à l'aise dans le traitement des métaphores recueillies. Cependant, il se peut que lors d'une première utilisation des jeux analogiques, les images ne viennent pas aisément. L'habileté à créer des métaphores se développe au fur et à mesure de l'entraînement.

Entraînement à l'analogie

L'analogie est une technique utilisable dans des situations pédagogiques diverses. Ainsi, au lieu d'introduire un cours sur la créativité par le rappel d'un ensemble d'informations et de concepts sur le sujet, le jeu de l'analogie directe peut être un enclencheur dynamique. Dans un premier temps, les élèves se représentent la créativité sous différentes images : « La créativité, c'est comme… ». Quand le nombre d'analogies recueillies est suffisant, le groupe interprète chacune d'elles. Voici le relevé de quelques analogies qui se sont avérées fécondes pour introduire la nature de la créativité.

La créativité c'est comme…	parce que…
Le vent	Son processus est peu stable et difficilement contrôlable — Souffle nouveau — Reconstitution d'une nouvelle réalité à partir d'éléments existants — Tout ce qui te permet de faire, d'être, d'arriver à quelque chose d'autre.
Un cœur qui bat	Elle met tout en mouvement; elle renouvelle; c'est l'élément central qui fait qu'on peut arriver à quelque chose.

La chimie ou l'alchimie	Dosage harmonieux des éléments pour arriver à un produit — Notion de découverte.
L'amour	État de bien-être requis pour permettre la création, état qu'on éprouve pendant le processus et après l'apparition du produit — Choc, bouleversement hors de l'ordinaire — Harmonie, entente — Immense découverte.
La mer	Immensité : pas de domaine circonscrit — Réalité à la fois contenue et très puissante.
Un nid d'oiseau	Conditions dans lesquelles la personne peut créer. Ça couve.

Activité 6

Classification et exercices d'analogies

Voici maintenant dix phrases et trois courts textes rédigés par des élèves du primaire et du secondaire comportant des analogies. Vérifiez votre connaissance de chaque type d'analogies, en classifiant les phrases et les textes sous leur catégorie respective : analogie directe, personnelle ou conflictuelle, dans l'espace réservé à cette fin.

(1) « L'ordinateur est timide et agressif. »

(2) « Les mots s'enroulent comme des escargots » (Paul, 8 ans).

(3) « Une lumière obscure » (6ᵉ année).

(4) « Je suis une pomme rouge et je gambade dans les prés » (Nathalie, 9 ans).

(5) « Une jolie laide » (6ᵉ année).

(6) « Un ordinateur vivant (fonctionne à l'air, respire) » (6ᵉ année).

(7) « Des grands voiliers d'oiseaux qui ressemblent à des passerelles entre les côtes somnolentes » (Diane, Vᵉ sec.).

(8) « La feuille n'aime pas se faire crayonner » (Richard, 8 ans).

(9) « Sa peau était douce comme la fourrure de la loutre » (Louise, 11 ans).

(10) « Une intelligence folle » (6ᵉ année).

   Chacun des trois textes qui suivent illustre un type d'analogie prédominant.

Texte I : L'envers

Ce qui est à l'envers n'est pas à l'endroit, et vice versa. Ça ressemble à ma chambre : une jolie laide. Le soulier droit dans le pied gauche et le gauche dans le droit. C'est carnivore. C'est bizarre. On peut l'échanger. Il commence par la fin et se termine au début. Je ne m'y retrouve plus (Collectif, 6e année).

Texte II : La poubelle

Ah! que je suis émerveillée. C'est la première fois que je suis bien traitée. C'est super « trippant » d'être propre et belle. Je suis sûre que je suis la plus luxueuse du coin. Je suis éblouissante, forte, intelligente. Oupse! je crois que je me vante trop. En tout cas, c'est extra d'être comme moi (Patrick, Martin et Éric, 6e année).

Texte III : Elle était rouge

Elle était rouge la pointe de mon nez en ce mois d'octobre. Rouge comme les pommiers de Rougemont, rouge comme le nez du clown, rouge comme le renne du Père Noël. Qu'avait-elle la pointe de mon nez en ce bel automne? Un indiscret, un désagréable, enfin indésirable petit bouton rouge (Sophie, 11 ans).

Classifiez les analogies et les textes qui précèdent dans la catégorie appropriée.

	Analogie directe	Analogie personnelle	Analogie conflictuelle
Phrases			
Textes			

Consultez le corrigé qui suit pour vérifier votre classification.

	Analogie directe	Analogie personnelle	Analogie conflictuelle
Phrases	(2) (7) (9)	(4) (8)	(1) (3) (5) (6) (10)
Textes		(Texte II) (Texte III)	(Texte I)

Maintenant, prenez quelques minutes pour vous entraîner au jeu des analogies.

1. Analogie directe

Comparez l'environnement à quelque chose d'autre ou à quelqu'un. Essayez de vivre les états psychologiques décrits au chapitre 3 et de parvenir à un haut niveau de bizarrerie.

2. Analogie personnelle

Vous êtes l'environnement; vivez l'identification sur les plans physique et émotionnel à la fois.

Les critères d'appréciation de vos analogies correspondent à la force de votre engagement personnel. Une identification par la description de données physiques, de faits connus, comporte un faible engagement : Je suis une rivière et j'aime sillonner la campagne. Une identification qui engage l'émotion est plus riche : Je suis l'orme solitaire et je me sens plein de sagesse. L'analogie personnelle de Martin avec une gomme à effacer, dans la première stratégie, a nécessité beaucoup d'énergie; il s'identifie émotionnellement et kinesthésiquement avec elle. Enfin, au niveau supérieur, la personne se voit elle-même comme un objet inorganique et essaie d'explorer le problème d'un point de vue personnel : Je suis l'environnement. Je me sens exploité. Je ne peux décider de mon destin. L'avenir me donne des maux de tête.

3. Analogie conflictuelle

Y a-t-il parmi les analogies que vous venez de produire, un matériel pouvant constituer des paires qui s'opposent? Expliquez comment ces contraires peuvent se justifier.

Peut-être découvrirez-vous une idée féconde pour la solution de problèmes environnementaux.

Présentation du modèle synectique

Dans une perspective de synthèse structurale de la créativité en vue d'activer l'hémisphère droit du cerveau et en guise de support à l'action didactique, le modèle synectique sera décrit de façon à ce que le lecteur puisse l'utiliser dans des situations diverses. C'est là l'intérêt du modèle qui, par son caractère général, devient un outil applicable à toute situation éducative ayant comme objectif l'activité créatrice. En ce sens, le modèle est éminemment économique, il canalise et décuple à la fois les façons de conduire l'action didactique. Cette action est complexe, comme il apparaît à la figure 2; l'enseignant doit tenir compte des variables indépendantes qui lui sont imposées : le programme et les objectifs; il lui appartient de faire interagir les variables dépendantes, c'est-à-dire les éléments du modèle, dans le sens des objectifs poursuivis.

Figure 2
Complexité de la situation éducative

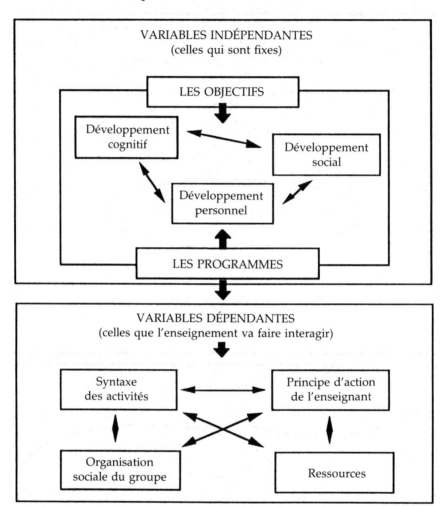

Une question didactique fondamentale surgit de la complexité : Qu'est-ce qui amène l'enseignant à faire interagir les variables dépendantes dans un sens ou dans un autre?

Figure 3
Orientation des variables de la situation éducative

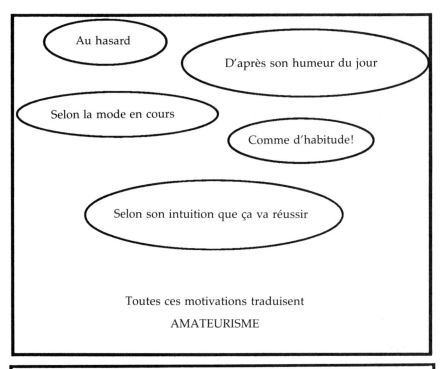

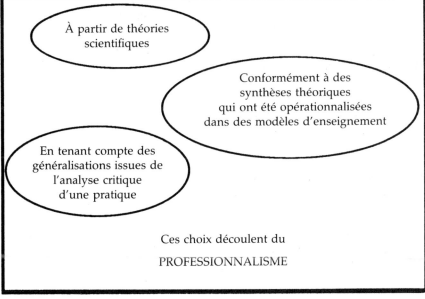

Les stratégies décrites au chapitre 2 ont été planifiées conformément à des synthèses théoriques qui ont été opérationnalisées dans un modèle de créativité : le modèle synectique de Gordon. Ce modèle stimule la pensée divergente propre à l'émisphère droit, il permet d'imaginer, de déblayer des pistes de solution, de penser dans différentes directions, « penser à côté », selon Souriau, d'anticiper, de faire des projections, d'intégrer des faits nouveaux, enfin de chercher des coordinations éloignées ou distanciées. Ces activités s'éloignent de la pensée logique de l'hémisphère cérébral gauche et de ses activités bien connues du milieu scolaire : analyser les aspects communs et éloignés, classifier, sérier, planifier, déterminer des buts, créer des relations logiques (cause à effet, principe à conséquence…), résumer, isoler les idées principales, généraliser et évaluer.

Le modèle synectique présente deux volets, selon que l'enseignant veut explorer l'inconnu ou créer quelque chose. C'est ainsi qu'on a pu observer à l'intérieur des stratégies décrites, des façons variées de conduire les activités. L'objectif d'exploration du non-familier dans le cas de la *commedia dell'arte* étant d'aider l'élève à mieux comprendre une information nouvelle en la mettant en parallèle avec une ou des analogies familières, le mécanisme métaphorique est donc utilisé essentiellement pour découvrir des rapports. Ainsi, veut-on approfondir le concept de liberté, l'analogie avec l'alpiniste peut être féconde; l'analogie du corps humain peut servir d'illustration au concept de démocratie. On demande tout d'abord à l'élève de décrire simplement l'analogie et de devenir la chose. Ensuite, il doit établir des relations entre l'analogie et les éléments du contenu, et expliquer ces relations : les ressemblances et les différences. Finalement, pour évaluer la compréhension de l'élève, il présente sa propre analogie pour ce nouveau contenu. La ressource, dans cette stratégie, est à la fois l'enseignant et le contenu analogique lui-même. Par contre, la stratégie qui vise à créer quelque chose poursuit un objectif de créativité : nouveau produit, résolution de problèmes, expression artistique, etc. Le mécanisme métaphorique n'est plus au service de l'analyse des rapports, mais de la distanciation conceptuelle. Grâce à ce type de stratégie, l'orthopédagogue a pu stimuler l'expression écrite du jeune Martin et un problème de lecture a été résolu en première année. La liste des applications pourrait s'allonger quasi indéfiniment, allant de la création de mouvements chorégraphiques par de jeunes gymnastes, jusqu'à l'initiation d'adolescents à la composition musicale. Si le modèle synectique peut aider des étudiants du collégial à produire des textes plus créatifs lors d'ateliers littéraires, il peut aussi permettre aux tout-petits de la maternelle de s'adonner à leurs premiers essais poétiques.

La structure du modèle

La matrice ou la structure qui encadre les activités synectiques qui ont été décrites s'inspire de l'ouvrage de Joyce et Weil intitulé *Models of Teaching* (1972); elle est constituée de quatre éléments qui représentent la réalité de l'enseignement : la syntaxe du modèle qui régit le déroulement des activités synectiques (tableau 6), le principe d'action de l'enseignant, le système social de la classe et les dispositifs de soutien à mettre en œuvre.

Tableau 6
Syntaxes des activités synectiques

Exploration de l'inconnu	Création de quelque chose
Phase I	
Informations. L'enseignant fournit des renseignements sur le sujet nouveau à l'étude ou la tâche à réaliser.	*Échange sur le sujet connu.* L'enseignant demande aux élèves de décrire la question telle qu'ils la voient maintenant.
Phase II	
Analogie directe. L'enseignant suggère une analogie directe et demande aux élèves de la décrire.	*Définition de la tâche et sensibilisation à la démarche.* L'enseignant expose le problème et la tâche à accomplir.
Phase III	
Analogie personnelle. L'enseignant demande aux élèves d'intérioriser l'analogie directe.	*Analogie directe.* Les élèves suggèrent des analogies directes pour le sujet connu, en sélectionnent une et l'explorent.
Phase IV	
Comparaison des analogies. L'élève repère et explique les points de similitude entre le nouveau sujet et l'analogie directe.	*Analogie personnelle.* L'élève devient l'analogie sélectionnée à la phase III.

Exploration de l'inconnu	Création de quelque chose

Phase V

Explication des différences. L'élève explique où l'analogie ne concorde pas avec le sujet à l'étude.

Analogie conflictuelle. Les élèves, à partir de leur description des phases III et IV, trouvent une formulation condensée d'un conflit, c'est-à-dire qu'ils associent des mots ou expressions qui se contredisent; ils créent des paradoxes.

Phase VI

Exploration. Les élèves explorent de nouveau le sujet à l'étude dans leurs propres termes.

Analogie directe. Les élèves trouvent et sélectionnent une analogie directe qui justifie les expressions contradictoires ou paradoxales.

Phase VII

Production d'analogies. Comme preuve de compréhension du sujet étudié, les élèves fournissent leur propre analogie directe et explorent les similitudes et les différences.

Tâche initiale révisée. L'enseignant invite les élèves à revenir à la tâche initiale et, grâce à l'expérience synectique, à l'exécuter de façon créatrice.

Principe d'action de l'enseignant

L'enseignant réfléchit aux stratagèmes à inventer, d'après le diagnostic qu'il pose sur les modes de pensée auxquels les élèves sont attachés : leur hémisphéricité, et d'après les obstacles possibles à la créativité. Il utilise les mécanismes d'opération les plus susceptibles d'engendrer les états psychologiques qui caractérisent le processus créatif. S'il est lui-même créateur, il aura plus de succès pour éveiller la créativité chez les autres; de plus, s'il a le sens de la recherche et ne craint pas d'être dépaysé, il saura mieux susciter ces mêmes comportements chez ses élèves. Savoir risquer est une attitude importante. Tous les élèves peuvent tirer profit de l'imagination fertile d'un enseignant; cependant, pour les élèves créateurs, cette stimulation est nécessaire.

L'enseignant introduit l'activité métaphorique en utilisant des stimuli verbaux qui s'adressent à l'hémisphère droit : langage concret qui laisse filtrer les émotions, l'humour, les images saisissantes, et les questions évocatives. L'action est assez ouverte pour laisser place à la liberté créatrice des élèves et assez orientée pour enclencher les diverses étapes du processus de créativité. L'enseignant assiste les élèves, encourage l'établissement de liens et le développement d'analogies détaillées; ses questions aident les élèves à découvrir pourquoi ils aiment certaines métaphores plus que d'autres; cependant, il ne se livre pas à une analyse critique qui entraverait la créativité.

Enfin, pour favoriser l'expression de l'irrationnel et de l'émotionnel, l'enseignant doit se montrer non rationnel, s'adonner à la fantaisie, jouer lui-même le jeu analogique sachant, à l'instar de Osborn (1965, p. 366), que les facteurs d'inhibition sont les véritables freins à la créativité. Son attitude non évaluative favorise l'autonomie et l'auto-évaluation de l'élève. Le climat en est un de détente où règne la confiance et la non-censure; l'enseignant accepte les réponses des élèves, surtout les plus bizarres. En effet, plus le problème est difficile à résoudre, plus il doit encourager les analogies invraisemblables, de façon à stimuler les participants à rompre avec les structures habituelles, à percevoir le problème sous des angles nouveaux, à susciter l'activité de l'hémisphère droit du cerveau.

Système social de la classe

La relation pédagogique où s'actualisent les divers rôles des intervenants est influencée par l'attitude mi-directive de l'enseignant, compte tenu que le modèle est moyennement structuré. Il introduit les séquences de la syntaxe, dirige les mécanismes d'opération de l'activité métaphorique et veille aussi à ce que les participants intériorisent les processus mentaux qui entrent en jeu dans la créativité. Cependant, les participants jouissent d'un climat de liberté qui leur permet de discuter, de s'engager, de mener le jeu analogique. Le climat est aussi à la coopération entre les pairs, à l'échange intellectuel sur un pied d'égalité et au respect des implications émotionnelles — éléments essentiels dans la résolution de problèmes de façon créative. La motivation du groupe est intrinsèque, le modèle compte sur le plaisir qui accompagne l'expression libre et sur la rémunération subséquente à toute production créatrice. Les activités se déroulent en grand groupe ou en groupe moyen, puisque selon Gordon, l'activité mentale demi-consciente est décuplée dans une telle situation.

Dispositifs de soutien

La ressource majeure du modèle est la qualité d'animation ou la compétence de l'enseignant dans la façon de guider la démarche synectique.

Un laboratoire peut être requis pour mettre à l'épreuve les solutions apportées à certains problèmes scientifiques complexes et, le cas échéant, rendre l'invention utilisable. De plus, comme les produits de la synectique ne sont pas toujours nécessairement conceptuels et verbaux, plusieurs médias seront requis, selon le cas. Les élèves peuvent construire un décor pour un scénario, peindre un tableau, procéder à une installation, filmer ou photographier, reprendre un rôle ou changer le comportement de quelqu'un. Il est parfois important pour l'élève et l'enseignant de donner à une idée initiale une forme reconnaissable : dessin, rôle, maquette, et de bénéficier de conditions matérielles et physiques appropriées.

Une stratégie synectique

Comme souvent l'exemple est plus efficace que la parole, et comme les stratégies présentées antérieurement étaient expérimentales, les enseignantes et les élèves s'y adonnant pour une première fois, voici une application du modèle synectique par une personne entraînée à la conduite de la démarche. L'activité se déroule dans le cadre de l'enseignement de la langue maternelle à des adolescents californiens (Joyce et Weil, 1972, pp. 242-248).

Sujet : portrait d'un personnage stéréotypé

ENSEIGNANTE :	Quel personnage stéréotypé devrions-nous faire revivre?	Introduction de la tâche à accomplir : le portrait d'un personnage stéréotypé.
ÉLÈVE :	« Charlie Brown » (murmure dans la classe).	
ÉLÈVE :	« Le Prince Vaillant » (murmure dans la classe).	
ÉLÈVE :	Que pensez-vous d'un délinquant? (la classe aime l'idée)	

ENSEIGNANTE : Oui?

ÉLÈVE :   Cincinnati.

Phase I

1. ENSEIGNANTE : Maintenant le pro-
                 blème est de présenter
                 ce délinquant comme
                 étant le plus délin-
                 quant des délinquants,
                 tout en le faisant vivre
                 à la fois comme une
                 personne spéciale et
                 individuelle.

ÉLÈVE :   Il vole à l'école rabbi-
                  nique.

ÉLÈVE :   Nommons-le.

ÉLÈVE :   « Trog »

ÉLÈVE :   « Al »

ÉLÈVE :   « Slash »

ÉLÈVE :   « Éric »

ENSEIGNANTE : Son nom n'a pas d'im-
                 portance, appelons-le
                 Éric. Que pouvons
                 nous dire d'Éric?

ÉLÈVE :   Cheveux noirs et
                  huileux. Ils ont tous
                  des cheveux noirs et
                  huileux.

ÉLÈVE :   Cheveux blonds,
                  longs, blanchis au
                  peroxyde, yeux bleu
                  pâle.

1. Description du pro-
   blème ou perception
   actuelle.

ÉLÈVE :   Ongles rongés.

ÉLÈVE :   Court et musclé.

ÉLÈVE :   Peut-être maigre.

ÉLÈVE :   Jambes arquées, dents
                 jaunes, des jeans
                 blancs serrés.

Phase II

2. ENSEIGNANTE : Y a-t-il quelque chose   2. Énoncé du problème et
                 d'original ici? Si vous   tâche.
                 écriviez cela et preniez
                 un recul pour le relire
                 plus tard, qu'est-ce que
                 vous en penseriez?

CLASSE :   Non! Stéréotypé! Pas
                 de personnalité! Géné-
                 ral! Même chose que
                 d'habitude!

ENSEIGNANTE :   Je suis d'accord. Jus-
                 qu'à présent, Éric est
                 semblable à tous les
                 délinquants. Mainte-
                 nant nous avons un
                 problème à attaquer :
                 nous devons définir
                 une personnalité pour
                 ce délinquant, Éric.

ÉLÈVE :   Il doit être person-
                 nalisé.

ÉLÈVE :   Il doit avoir un moyen
                 de se procurer de
                 l'argent.

Phase III

3. ENSEIGNANTE : Ceci est toujours une idée générale d'Éric. Mettons de la force dans cette idée. Attendez! Supposons que je vous demande de me donner une analogie directe, quelque chose qui ressemble à Éric, mais qui est une machine. Donnez-moi une machine qui a les qualités d'Éric tel que vous le voyez.

3. Analogie directe. L'enseignante invite les élèves à faire des analogies. Elle demande une analogie directe. Elle spécifie également le type d'analogie, à savoir une machine.

ÉLÈVE : Il est une lessiveuse ou un lave-vaisselle.

ÉLÈVE : Un vieux tacot.

ÉLÈVE : Je veux qu'il soit un délinquant riche.

ÉLÈVE : Une brasserie.

ÉLÈVE : Une machine à boules.

ÉLÈVE : Une roulette.

4. ENSEIGNANTE : Vous portez votre attention sur des types de machines avec lesquelles Éric peut jouer. Lesquelles pourraient avoir ses qualités?

4. L'enseignante reflète les idées des élèves afin de les pousser à avoir des analogies plus créatives, c'est-à-dire présentant une distanciation plus grande.

ÉLÈVE : Un ouvre-boîte électrique.

ÉLÈVE :   Une balayeuse élec-
                   trique.

ÉLÈVE :   Une enseigne lumi-
                   neuse.

ÉLÈVE :   Un moule à gelée.

5. ENSEIGNANTE : Quelle machine semble   5. L'enseignante permet
                   présenter la comparai-   le choix de l'analogie
                   son la plus étrange   en suggérant un critère
                   entre elle et Éric?   de sélection : l'étran-
                   Votez. (La classe vote   geté de la comparai-
                   pour le lave-vaisselle.)   son.

6. ENSEIGNANTE : Premièrement, com-   6. L'enseignante amène
                   ment fonctionne un   les élèves à explorer la
                   lave-vaisselle?   machine sélectionnée.

ÉLÈVE :   Les gens y déposent la
                   vaisselle sale et, par le
                   tourbillon de l'eau, la
                   vaisselle en sort pro-
                   pre.

ÉLÈVE :   Il y a un ventilateur
                   dans celui de la salle
                   commune.

ÉLÈVE :   Il y a de la vapeur à
                   l'intérieur, c'est chaud!

ÉLÈVE :   Je pensais que si vous
                   voulez faire une ana-
                   logie entre un lave-
                   vaisselle et un gar-
                   çon…

7. ENSEIGNANTE : Attendez! Restez avec   7. L'enseignante contrôle
                   moi, ne regardez pas   les réponses afin d'em-
                   en arrière pour faire   pêcher les élèves de
                   des justifications   revenir au sujet initial.
                   d'analogies trop
                   rapidement.

Phase IV

8. ENSEIGNANTE : Maintenant, essayez de devenir un lave-vaisselle. Comment vous sentez-vous étant un lave-vaisselle? Dites-nous! Faites-vous lave-vaisselle!

8. Analogie personnelle. L'enseignante demande une analogie personnelle.

ÉLÈVE : Bien, toutes ces choses me sont données. Les assiettes sont sales. Je veux les nettoyer. J'essaie. Je projette de la vapeur et finalement je les nettoie. C'est mon travail.

9. ENSEIGNANTE : Attention! Vous devez vous installer dans le lave-vaisselle et en être un. Ce qu'on a dit est ce que vous connaissez déjà d'un lave-vaisselle. Il faut devenir un lave-vaisselle. C'est difficile, mais essayez.

9. L'enseignante fait remarquer aux élèves qu'ils décrivent le lave-vaisselle non ce qu'ils ressentent en tant que lave-vaisselle.

ÉLÈVE : C'est trop décourageant. Vous lavez toute la journée. Je ne connais jamais personne. Ils ne font que me remplir d'assiettes et je leur projette de la vapeur. Je vois toujours le même genre d'assiettes.

ÉLÈVE :   Je me sens déprimé. Ils
                   me fournissent conti-
                   nuellement des assiet-
                   tes. Tout ce que je
                   peux faire est de me
                   taire.

ÉLÈVE :   Je deviens fou. Je
                   rends les assiettes si
                   chaudes que je brûle
                   les doigts des gens.

ÉLÈVE :   Je deviens si furieux
                   après tout le monde
                   que je ne laverai plus
                   les assiettes. Ainsi tout
                   le monde deviendra
                   malade.

ÉLÈVE :   J'aime beaucoup les
                   déchets. J'en veux de
                   plus en plus. Ce qui
                   tombe des assiettes est
                   mou, en bouillie et bon
                   à manger.

Phase V

10. ENSEIGNANTE : Regardons les notes   10. Concentration sur un
                  que j'ai prises. Pouvez-   conflit. L'enseignante
                  vous prendre deux   demande une concen-
                  mots qui s'opposent   tration sur un conflit,
                  l'un à l'autre?   par suite de l'analogie
                                               personnelle. Prendre
                                               deux mots qui s'oppo-
                                               sent l'un à l'autre.

ÉLÈVE :   « Usagé »
                   et « propre ».

ÉLÈVE :   « Devoir » et « ce que
                 vous voulez faire ».

ENSEIGNANTE :   Comment pouvons-
                nous mettre ça plus
                poétiquement?

ÉLÈVE :   « Devoir » et « incli-
                 nation ».

ÉLÈVE :   « Devoir » et « fan-
                 taisie ».

ÉLÈVE :   « Plaisir découra-
                 geant. »

ÉLÈVE :   « Jeu furieux. »

11. ENSEIGNANTE : Bien, lequel est le meil-   11. L'enseignant clôt la
                  leur? L'enseignant a   liste de tous les con-
                  l'air d'un vrai conflit?   flits possibles et
                                                   demande aux élèves
                                                   d'en choisir un. L'en-
                                                   seignante fournit le cri-
                                                   tère de choix : impres-
                                                   sion d'un conflit réel.

ÉLÈVE :   « Jeu furieux. »

Phase VI

12. ENSEIGNANTE : Bien! Pouvez-vous   12. Analogie directe. Le
                  penser à une analogie   conflit n'est pas
                  directe, un exemple de   exploré pour lui-
                  « jeu furieux » dans le   même, mais sert de
                  monde animal.   base à l'analogie
                                                directe. Un exemple
                                                dans le monde animal
                                                où il y a « jeu
                                                furieux ». Il n'y a
                                                aucune mention du
                                                sujet initial.

ÉLÈVE :   Un lion dans une cage
               au cirque.

ÉLÈVE :   Serpent à sonnette.

ÉLÈVE :   Un porc prêt pour la
               boucherie.

ÉLÈVE :   Un ours qui attaque.

ÉLÈVE :   Ouaouaron.

ÉLÈVE :   Un oiseau protégeant
               ses petits.

ÉLÈVE :   Course de taureaux.

ÉLÈVE :   Un poisson mordant à
               l'hameçon.

ÉLÈVE :   Une mouffette.

ÉLÈVE :   Un cheval.

ÉLÈVE :   Un éléphant qui
               charge.

ÉLÈVE :   Une chasse à courre au
               renard.

ÉLÈVE :   Rodéo.

ÉLÈVE :   Porc-épic.

ENSEIGNANTE : Est-ce que quelqu'un
               sait où nous en
               sommes?

ÉLÈVE :   Nous essayons de per-
               sonnaliser Éric, de le
               rendre plus original.

13. ENSEIGNANTE : Bien! Parmi tout ce que vous venez d'énumérer, qu'est-ce qui serait l'analogie directe la plus excitante? (La classe choisit la course de taureaux.)

13. L'enseignant clôt l'énumération des analogies directes. Elle demande aux élèves d'en choisir une en leur fournissant le critère : l'analogie directe la plus excitante.

ENSEIGNANTE : Maintenant, nous retournerons à Éric. Comment pouvons-nous utiliser la course de taureaux pour décrire Éric?

Est-ce que quelqu'un sait ce que je veux dire par cette question?

14. (La classe ne répond pas).

14. Les élèves n'ont pas encore exploité l'analogie de la course de taureaux.

15. ENSEIGNANTE : Bien! Que savez-vous au sujet de la course de taureaux?

15. L'enseignante amène les élèves à explorer des caractéristiques de la course de taureaux, l'analogie.

ÉLÈVE : Il devra être le taureau ou le matador. Je dis que c'est le matador.

ÉLÈVE : Un taureau entre dans l'arène et il est entouré d'étrangetés.

ÉLÈVE : Ils enfoncent des choses dans le taureau et l'aiguillonnent…

ÉLÈVE :   ... à partir de chevaux
                      et à partir du sol.

ÉLÈVE :   Mais quelquefois il
                      n'est pas tué.

ÉLÈVE :   Et chaque fois que le
                      taureau s'affaiblit, la
                      foule hurle.

16. ENSEIGNANTE : Qu'est-ce qui arrive à   16. L'enseignante essaie
                      la fin?   d'obtenir plus d'infor-
                                                    mations au sujet de
                                                    l'analogie.

ÉLÈVE :   Ils le traînent avec des
                      chevaux.

ENSEIGNANTE : Comment l'achèvent-
                      ils?

ÉLÈVE :   Une courte épée.

Phase VII

17. ENSEIGNANTE : Comment pouvons-   17. Nouvelle exploration
                      nous utiliser cette   de la tâche. Amener
                      information pour nous   les élèves à récupérer
                      apprendre quelque   les comparaisons.
                      chose sur Éric? Com-   Retour au problème ou
                      ment parleriez-vous   à la tâche initiale.
                      d'Éric en utilisant le
                      matériel que nous
                      avons développé au
                      sujet d'une course de
                      taureaux?

ÉLÈVE :   Il est le taureau.

ÉLÈVE :   Il est le matador.

ÉLÈVE :   S'il est le taureau, alors
                      le matador est la
                      société.

ENSEIGNANTE : Pourquoi n'écrivez-
vous pas quelque
chose au sujet d'Éric
en termes de course de
taureaux? Parlez de sa
personnalité et des
signes extérieurs de
celle-ci. Le lecteur com-
mence votre histoire au
sujet d'Éric et il lit.
C'est le premier con-
tact de votre lecteur
avec Éric.

(Les élèves ont trois minutes pour écrire.)

ENSEIGNANTE : Terminé? Bien! Lisons
vos histoires.

Voici quelques exemples de ce que les élèves ont écrit.

Texte 1 : En furie, se heurtant contre un drapeau de néon rouge et aveuglé par son ombre, Éric se jeta par terre. Le sang palpitait dans ses oreilles, comme si elles étaient pour tomber. Il ne servait à rien de se battre plus longtemps. Le couteau lui faisait une blessure dans le côté; les huées métalliques qui font plus mal que le couteau; les éclats des uniformes et les visages rougis de la foule lui font désirer vomir sur leurs vêtements propres.

Texte 2 : Il se tenait dans le milieu de la rue défiant la foule. Les visages le regardaient d'un air malicieux. Les yeux méprisants, les grandes bouches rouges, les rires tordus. Éric regarda à nou-veau la foule qui s'était approchée et leva sa main vivement lorsqu'un homme commença à parler. « Bouclez-la, jeune homme! Nous ne voulons pas de votre sottise. »

Texte 3 : Il était enfermé dans une arène, les gens applaudissant son adversaire. Toute sa vie il avait été entraîné à sortir et à prendre ce qu'il désirait. Maintenant il y avait un obstacle sur son par-cours. La société accourait et lui disait qu'il n'était pas correct. Il devait aller à eux et il devenait confus. Les gens devaient applaudir le matador.

Texte 4 : Le matador poursuit sa proie. Sa prétention à la gloire est accrue par l'approbation prochaine de la foule. Même s'ils ont mis leurs beaux habits du dimanche, le taureau est excité et le matador sourit avec un air suffisant. Tu es mon instrument et je tiens l'épée.

Activité 7

Retour sur les commentaires de lecture

Maintenant que le fonctionnement du modèle synectique a été décrit et illustré par un exemple, revenez aux commentaires que vous avez rédigés à la suite de la présentation de trois théories de la créativité (cinquième activité, chapitre 3).

Trouvez-vous des points de convergence entre la théorie et la pratique? Objectivez-les. Y a-t-il des résistances qui persistent quant à l'utilisation d'un tel modèle? Échangez vos opinions avec un collègue. Vous serez alors dans un « état de grâce didactique » pour expérimenter une approche d'enseignement qui stimule fortement l'hémisphère droit de même que l'hémisphère gauche, faisant ainsi appel aux ressources diverses des apprenants.

Les enseignants qu'il nous a été donné d'entraîner à la pédagogie de la créativité ont travaillé avec succès et enthousiasme dans les salles de classe. Le modèle synectique a été appliqué dans diverses matières avec un égal sentiment de pertinence; la flexibilité de la démarche en a fait un outil didactique approprié à tous les ordres d'enseignement. Lors d'une enquête vérifiant « l'influence d'un perfectionnement didactique à partir de modèles sur les attitudes professionnelles d'enseignants (Desrosiers-Sabbath, 1990), on a demandé aux répondants d'indiquer, parmi une liste de quatorze modèles, les quatre qu'ils utilisaient le plus fréquemment en classe. Le modèle synectique a été mentionné par 11,8 % des répondants, se classant parmi les modèles choisis — tous l'ont été — au onzième rang.

Les auteurs Joyce, Weil et Wald (1973) se sont préoccupés de former les enseignants à la connaissance théorique et pratique d'un ensemble de modèles d'enseignement. Ils ont testé l'habileté de ces enseignants à utiliser avec succès un modèle qui contraste avec leur style habituel d'enseignement. À cet effet, neuf indices ont été analysés. Le tableau 7 montre si les enseignants testés et entraînés au modèle synectique, par

Tableau 7

Comparaison des moyennes et écarts types de neuf indices caractérisant l'interaction en classe, selon qu'il s'agit de l'enseignement d'après le modèle synectique ou d'un enseignement sans aucun modèle

Indices	M synectique	Absence de modèle	E.T. synectique	Absence de modèle	T
1. Implication verbale de l'enseignant	0,565	0,638	0,044	0,053	−5,277**
2. Structures négociées : enseignant	0,012	0,030	0,010	0,027	−3,067**
3. Structures négociées : élèves	0,007	0,016	0,007	0,015	−2,541
4. Traitement de l'information à un niveau élevé	0,273	0,045	0,163	0,046	6,857*
5. Traitement de l'information à un niveau moyen	0,190	0,115	0,081	0,082	3,288
6. Sanction positive	0,032	0,052	0,025	0,024	−2,869
7. Sanction négative	0,020	0,025	0,016	0,014	−1,157
8. Traitement de l'information	0,591	0,590	0,134	0,083	0,007
9. Procédures	0,123	0,186	0,046	0,071	−3,782**

* p < 0,01 pour un test unilatéral; valeur critique de t, degré de liberté 50 = ±2,40
** p < 0,01 pour un test unilatéral; valeur critique de t, degré de liberté 50 = ±2,68

exemple, peuvent adopter les comportements requis par le modèle et se départir en quelque sorte de leur style « normal » ou « non modélique » d'enseignement.

L'indice 4 est le plus significatif; le modèle synectique comprend plusieurs activités d'un haut niveau de fonctionnement, dont la capacité de synthèse. Or, l'indice est sept fois plus élevé que dans le cas de l'enseignement sans modèle. Les pourcentages de communications reflétant l'activité cognitive de synthèse étaient de 6,3 pour les enseignants et de 5,6 pour les élèves, soit 11,9 % de l'ensemble des communications quand le modèle synectique était en cause. Les activités de synthèse durant l'enseignement normal, c'est-à-dire sans recours à un modèle, représentaient 0,5 %. La préoccupation des procédures (indice 9) a diminué de même que les structures imposées par l'enseignant (indice 2), en dépit du fait que les premières phases de la syntaxe du modèle synectique sont dirigées par l'enseignant. L'implication verbale de l'enseignant (indice 1) a régressé significativement (près de 10 %). Les sanctions positives (indice 6) ont diminué significativement et les sanctions négatives (indice 7) légèrement, conformément à l'orientation du modèle qui privilégie une rétroaction neutre.

Ainsi, quoique le modèle synectique contraste avec l'ensemble des activités auxquelles l'enseignant a l'habitude de s'adonner en classe, on peut conclure avec Joyce, Weil et Wald que l'enseignant entraîné aux jeux analogiques peut les mener avec succès auprès de ses élèves. Faire appel à l'hémisphère droit du cerveau n'est plus un défi impossible à relever pour l'enseignant. Certes, une meilleure compréhension du cerveau humain et des théories d'enseignement qui en découlent a déjà influencé le milieu de l'éducation, mais des changements beaucoup plus radicaux sont à venir. Un premier effet de l'éclairage porté sur les fonctions de l'hémisphère droit a été de réhabiliter la créativité à l'école. Il se fait aussi sentir dans les programmes d'études où la pédagogie de la résolution de problème impliquant la logique et l'heuristique est de plus en plus importante. La notion même d'intelligence est modifiée dans le sens d'une aptitude à trouver des solutions et à donner un sens au monde qui nous entoure. Le concept d'interdisciplinarité est aussi né d'une vision holistique de l'apprentissage réconciliant les antagonismes longuement entretenus entre les deux hémisphères. Enfin, l'apport conjoint de la neuropsychologie et de la créativité a permis de stimuler l'hémisphère droit du cerveau trop longtemps méconnu.

La première partie de l'ouvrage a donc introduit la créativité comme un processus impliquant nécessairement l'activité de l'hémisphère droit maintenant reconnue comme hautement cognitive quoique différente de celle de l'hémisphère gauche. Certaines définitions de la créativité

soulignent également ce caractère cognitif; Spearman, à la suite de recherches, conclut à l'existence d'un facteur g de la créativité et Allen la considère comme « la production de sens au moyen de la synthèse » (cité par Provencher, p. 428). Cependant, le consensus est inexistant en ce qui a trait à la nature de la créativité et c'est ainsi que Getzels et Jackson (1962) la font relever de l'imagination. Les habiletés du domaine affectif sont aussi largement mises à contribution dans le processus créatif de sorte qu'il engage la personne dans sa totalité, marquant ainsi un sommet dans son accomplissement. C'est fondamentalement sur cette dimension affective que l'ouvrage mettra l'accent dans la seconde partie. Les modèles qui y sont décrits rejoignent un ensemble d'objectifs hiérarchisés concernant le développement de la personnalité. L'atteinte de ces objectifs passe par l'éducation, laquelle doit maintenir une relation étroite avec l'histoire de l'individu inscrite dans ses gènes et son cerveau.

Deuxième partie

Modèles de croissance personnelle

Dans la foulée
du courant humaniste

Chapitre 5

Pédagogie et croissance personnelle

Les modèles de croissance personnelle ou de développement de la personnalité, introduits dans ce chapitre et développés ultérieurement, sont regroupés à partir de leur but final qui est l'éducation de la personne en tant qu'individu. Comme tels, les modèles proposent des approches spécifiques; elles sont justifiées par leurs fondements psychologiques et psychanalytiques, et elles aident l'individu à élucider « les processus par lesquels il construit et organise sa réalité » (Joyce et Weil, 1972, p. 10). Les modèles sont facilement repérables dans la foulée du courant humaniste qui marque toujours l'école québécoise.

Les données issues d'une meilleure connaissance de ce qui est inscrit dans le cerveau ou de ce que Young (1978) appelle « *programs of the brain* » sont importantes, car elles aident l'individu à mieux comprendre sa vie psychique, de même que les déterminants majeurs de ses comportements personnels et sociaux. Young (1978, p. 10) présente les programmes du cerveau en deux grandes catégories : le programme qui constitue le code génétique et détermine l'individualité de la personne; le programme inscrit dans la structure du cerveau qui contient l'information sur l'individu et que celui-ci doit tenter de comprendre toujours mieux. Chez les humains, le langage et la culture constituent le troisième niveau où le programme de la vie s'inscrit. Les linguistes, les anthropologues et les sociologues s'intéressent particulièrement à ce niveau.

Comme les différents programmes du cerveau trouvent leurs expressions et leurs codes dans les habitudes de vie et le langage sous diverses formes, on comprend l'importance significative que les comportements socialisés et surtout le langage occupent dans les modèles de croissance personnelle. Le principe d'action de l'éducateur à l'intérieur de ces modèles consiste essentiellement à présenter à l'individu des situations éducatives qui impliquent la révélation de soi, puis le décodage du révélé. Grâce à ces activités, l'individu prend graduellement conscience de lui-même et peut librement s'engager dans un devenir et un faire qui fondent un mode d'existence totale.

Présentation des modèles de croissance personnelle

Les modèles de croissance personnelle se distinguent, à l'école, des modèles du traitement de l'information et de l'interaction sociale parce qu'ils s'intéressent à la personne en tant qu'être et non à son développement cognitif et social en particulier. Cependant, la souplesse des modèles leur permet indirectement de poursuivre des objectifs d'ordre cognitif et social, tant il est vrai que ces dimensions ne sont pas compartimentées chez l'être humain et que c'est plutôt pour des fins d'analyse qu'elles sont dissociées.

Les cinq modèles de la figure 4 portent le nom de leur théoricien, leur appellation spécifique et ils sont hiérarchisés en fonction de leur objectif prioritaire à l'intérieur d'une dynamique de croissance personnelle. Le modèle d'auto-exploration de soi en vue d'une meilleure connaissance de sa personne : corps, attitudes, émotions, sentiments, valeurs, désirs et autres, est perçu comme l'assise de la croissance individuelle restituant à « l'impensé du corps une attention justifiée par le rôle de la corporéité comme dimension fondatrice de toute pratique pédagogique » (Brohm, 1990, p. 53). Le modèle de Schutz (1967), au cœur de l'ensemble, accompagne celui de Glasser (1965) compte tenu que les deux théoriciens considèrent l'affection comme le besoin fondamental à satisfaire en vue d'un développement harmonieux de la personne. Cependant, le modèle de réunion de classe de Glasser, quoiqu'il appuie sa relation d'aide sur le besoin d'aimer, va au-delà d'une simple connaissance de soi et comporte des objectifs d'acceptation de soi, d'image positive de soi liée à l'adoption de conduites responsables, bonnes et en conformité avec le réel.

Connaissance et acceptation de soi sont des objectifs préalables à l'actualisation de soi. Le modèle non directif de Rogers, à travers ses postulats, rejoint les principes de l'actualisation de soi : devenir factuellement ce que je suis. La thèse qui a alimenté sa thérapie et qu'il a

Figure 4
Modèles de croissance personnelle

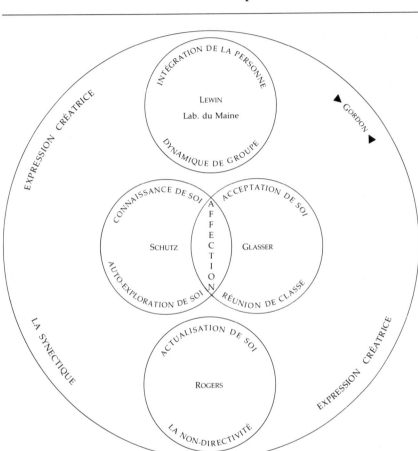

Source : Rachel Desrosiers-Sabbath (1992).

transposée en éducation est essentiellement rousseauiste : l'individu possède le potentiel et la capacité de mener sa vie de façon positive :

> [...] l'individu a la capacité de traiter de manière constructive tous les aspects de sa vie susceptibles de parvenir à sa conscience. Ceci implique la création d'une situation interpersonnelle dans laquelle les données de l'expérience peuvent parvenir à la conscience du client, et la manifestation, significative pour lui, de son acceptation par la thérapeute comme une personne apte à conduire sa vie. (Rogers, 1951, p. 24)

Principe fondamental de toute action éducative, la confiance en l'individu est une attitude que l'éducateur doit sans cesse entretenir quelle que soit la fluctuation des modèles en éducation.

Les objectifs d'intégration de la personne que le Laboratoire du Maine a fait siens sont inclus dans le modèle thérapeutique et éducatif de Rogers, même si les principes de la non-directivité sont plus directement et expressément orientés vers l'actualisation de la personne. Toutefois, le modèle élaboré par le Centre de recherche en dynamique de groupe au Massachusetts Institute of Technology, Cambridge (Bradford, Gibb et Benne, 1964), s'intéresse non seulement à l'individu, mais aussi à la personne en situation : le champ psychologique. Les chercheurs développent une théorie justifiant l'importance de l'adaptation personnelle et sociale des individus dans un monde en mutation. Il leur apparaît que les changements rapides et nombreux des sociétés modernes peuvent faire échec à l'adaptation, disposition essentielle à la santé mentale et à l'équilibre humain. Le modèle de dynamique de groupe poursuit des objectifs reliés à l'intégration de la personne et repose sur un postulat qui met en valeur l'individu et le groupe social.

> L'intégration des aspects cognitif et émotif d'un individu, d'une part, et celle des aspects personnel et social, d'autre part, est nécessaire pour éliminer les symptômes d'auto-destruction provenant de la fragmentation des tâches, des exigences intellectuelles s'opposant souvent aux exigences émotives, de l'isolement et de la disparition du sens communautaire provoqués par les organisations bureaucratiques complexes. (Joyce et Weil, 1972, p. 75)

Enfin, le modèle synectique orienté vers l'expression créatrice occupe non pas le sommet d'une pyramide des besoins comme celle conçue par Maslow (1968), mais la périphérie d'une symbolique circulaire, là où les forces qui construisent la personne sont diffusées. La personne créatrice a réussi au plan personnel à faire la synthèse d'un ensemble de traits de personnalité qui cadrent avec les objectifs des cinq modèles regroupés.

Les recherches sur la créativité montrent en effet que la personne créatrice se connaît bien, elle peut facilement se décrire et le faire honnêtement, car l'image positive qu'elle a d'elle-même lui permet de s'accepter totalement. La confiance en soi et l'autonomie qui sont nécessaires à l'actualisation de soi caractérisent aussi la personne créatrice. Des auteurs comme Maslow et Rogers voient de profondes similitudes entre les processus d'actualisation de soi et de créativité. D'après les recherches de MacKinnon (1962), Barron (1967) et Rogers (1968), la sensibilité aux problèmes, la capacité de supporter l'ambiguïté, la flexibilité pour adopter les attitudes requises par des situations nouvelles et l'adaptation aux changements caractérisent l'individu doué de créativité. Ce sont là les manifestations d'une intégration personnelle et sociale réussie, l'intégration au plan social ne signifiant nullement le conformisme. Ainsi les cinq modèles orientés vers la croissance personnelle s'insèrent dans le courant humaniste où la personne offre plus d'intérêt que le produit.

Rêve d'une école humaniste

L'importance accordée au choix de modèles orientés vers la croissance personnelle s'explique par leur rôle en vue d'une existence plus totale et par la prépondérance que connaît le paradigme existentiel dans la société québécoise. Les auteurs Bertrand et Valois (1981) décrivent la mutation qui s'est produite au plan socioculturel et qui s'est traduite par l'apparition du paradigme humaniste en éducation. L'approche organique est celle qui illustre le mieux l'intégration de l'humanisme, elle demeure une force majeure de l'école québécoise. De façon réductive, l'approche organique est illustrée dans les écoles alternatives; ce sont elles qui ont accueilli les principes de non-directivité de Rogers en centrant les apprentissages sur l'élève. La croissance personnelle de chaque élève étant l'objectif de l'école alternative, les modèles personnalisés trouvent là un climat naturel d'épanouissement. En dehors de ces écoles, on décèle dans les préoccupations actuelles pour adapter la pédagogie aux différences individuelles, notamment à la spécificité hémisphérique, la persistance du rêve d'une école centrée sur la personne.

Les postulats de la pédagogie organique

Le modèle thérapeutique de Rogers dérivé de sa théorie de la personnalité a été appliqué à l'éducation à partir d'un ensemble de postulats présentés dans *Liberté pour apprendre* (1973). Il importe de rappeler ces postulats, car ils fondent la pédagogie organique et ponctuent le développement personnel, qui est fondamental dans une école qui rêve toujours d'être humaniste. Un premier postulat souligne le caractère inné du désir d'apprendre et incite l'enseignant à relativiser les pressions qu'exercent les programmes. Une telle attitude est importante pour la prise en charge systématique d'objectifs autres que ceux du développement cognitif. En fait, la priorité est accordée à la personne dans sa totalité et les apprentissages des programmes lui sont subordonnés, tant il est vrai qu'un apprentissage valable a lieu lorsque son objet est perçu comme ayant un rapport avec les projets personnels de celui qui apprend. Ce deuxième postulat rogérien reconnu antérieurement par les gestaltistes implique que l'individu clarifie ses désirs, ses besoins et ses intérêts.

L'apprentissage qui concourt à la croissance personnelle coexiste avec une connaissance et une acceptation de soi toujours plus profondes. L'approfondissement du moi est nécessaire pour contrebalancer les effets déstabilisants de l'apprentissage qui entraîne un changement dans l'organisation ou dans la perception du moi. Accepter de grandir comporte des menaces pour le moi; celles-ci seront réduites si l'environnement pédagogique est stimulant, compréhensif et non compétitif. C'est à ces conditions que l'élève parviendra à une différenciation toujours plus fine de son champ d'expérience, finesse qui peut être comprise, sans qu'il y ait contradictions, dans le sens de la perception d'unités plus globales et mieux structurées, selon la perspective gestaltiste et les particularités de l'hémisphère cérébral droit. Climat d'acceptation inconditionnelle de l'autre, climat d'écoute positive, climat où les relations s'exercent avec amour, respect et confiance, climat qui permet d'être profondément ce qu'on est, ce sont là les caractéristiques du système social instauré par des modèles comme ceux de Rogers, Schutz, Glasser, Lewin et Gordon.

La pédagogie rogérienne, tout comme celle de Dewey, s'inscrit dans le courant de la pensée phénoménologique qui valorise le savoir construit et l'action. En soi, ce postulat n'a pas d'incidence directe sur la croissance personnelle, mais si l'on considère que l'action va souvent de pair avec l'engagement et la responsabilité, on mesure alors mieux l'impact énorme de ce postulat dans la conquête de l'autonomie, objectif majeur des modèles issus du courant humaniste. La pédagogie organique telle qu'actualisée par le modèle rogérien engage la personne tout entière : ses sentiments autant que son intelligence, sa personne individuelle aussi bien que sociale. Elle favorise l'intégration de la personne et lutte, à sa façon, contre un monde hautement spécialisé et compétitif où des forces divergentes attaquent l'équilibre de la personne. L'individu n'est pourtant pas exempt de toute remise en question. La connaissance, l'acceptation et l'actualisation de soi fournissent l'indépendance d'esprit nécessaire à une autocritique non menaçante pour le concept de soi. La pédagogie rogérienne qui prône l'ouverture au changement, l'intégration personnelle des processus de changement et d'apprentissage répond donc très bien à certains postulats du modèle de Lewin, Lippitt, Benne et Bradford tel que nous l'avons souligné précédemment.

L'interprétation du courant humaniste par l'école québécoise

Au Québec, l'âge d'or du courant humaniste se situe entre les années 1960-1970. Les écoles alternatives s'ouvrent; les pédagogies se nourrissent des idées rogériennes et de l'expérience de Summerhill; les groupes de rencontre sont populaires; la croissance et l'épanouissement de l'enfant sont chers aux jeunes maîtres en formation; enfin à travers les méthodes actives, la créativité trouve une place à l'école. Le paradigme humaniste véhiculé à l'école québécoise par l'approche organique offre alors un milieu naturel aux modèles de développement de la personnalité. Foncièrement, la pédagogie est rogérienne, mais les enseignants sont ouverts aux approches de Schutz, Lewin et Gordon. Sous l'appellation générale de « relation d'aide », des cours de développement et de croissance personnelle sont insérés dans les programmes universitaires de formation et perfectionnement des maîtres.

Si les remous de 1970 ont affaibli le mouvement humaniste au Québec à un point tel qu'en 1987, à la suite des états-généraux sur l'éducation, la Commission des écoles catholiques de Montréal déclarait l'école centrée sur l'apprentissage, c'est peut-être que « les cycles de vie d'un modèle » (Dupuy-Walker, 1990) sont de courte durée; dans le cas du modèle humaniste, l'auteure dégage des éléments explicatifs de sa mort. Il n'est pas question ici d'élaborer une analyse critique des évolutions pédagogiques, ni d'entrer dans le débat de l'école centrée sur l'enfant ou de l'école centrée sur les apprentissages. Le but visé est de recadrer certaines valeurs profondément éducatives du modèle humaniste. L'école existe toujours pour l'élève. C'est lui qui doit demeurer au centre des débats et des décisions sur l'école d'aujourd'hui. La préoccupation de former des jeunes authentiques, capables d'autogouverne, très personnels, respectueux des autres et de l'environnement ne peut être absente de l'éducation quel que soit le modèle dominant. D'autres canaux sont accessibles à l'école toujours préoccupée de la croissance personnelle et du développement affectif des jeunes. Peut-être faut-il tenter de faire coexister harmonieusement et efficacement les modèles de croissance personnelle avec ceux du développement cognitif et social des jeunes.

Les valeurs véhiculées
par le système social des classes

La relation pédagogique maître-élèves et élèves-élèves qui définit le système social d'une classe et détermine le climat qui prévaut est de première importance pour l'éducation de la personne. Le système social est la variable de la situation éducative qui, au jour le jour, de façon continue, non systématique mais très organique, influence le dynamisme

de la communication dans la structuration du moi. La relation pédagogique, si elle se déroule dans un climat de respect mutuel, de confiance
en l'autre, de chaleur humaine et d'authenticité, fait autant pour l'enri-
chissement de l'individu que n'importe quelle intervention ponctuelle
en vue de favoriser sa croissance personnelle. Le climat de la classe,
c'est l'air que l'élève respire jour après jour, c'est l'oxygène du développement affectif et cet oxygène n'est pas exclusif à un modèle donné; il
peut être insufflé dans toute pédagogie puisqu'il dépend de la volonté
commune des partenaires de la relation pédagogique. Le modèle humaniste est apparu comme la bouffée d'air qui a revivifié une école qui
devait réapprendre son rôle face à l'enfant.

Le modèle humaniste a fait ressortir cette vérité éternelle à savoir
que l'éducation est œuvre d'amour. « L'acte de conduire, de guider un
enfant ou un adulte en l'arrachant à un état initial que l'on considère
comme devant être dépassé » (Mialaret, 1979, p. 192) n'est possible et
bénéfique que si l'éduqué est reconnu dans son identité propre et appré-
cié pour ce qu'il est profondément. Si le dépassement auquel l'éducation
convie l'éduqué n'est pas senti comme positif, s'il n'est pas source de
satisfaction personnelle, la victoire sur l'ignorance et l'inertie est com-
promise. Éduquer, s'éduquer doivent porter leur propre récompense.
Pour ne pas être une boîte à cours, l'école est condamnée à devenir un
lieu de rencontre, d'appartenance et d'apprentissage d'un mode d'existence totale.

L'intégration du développement de la personnalité à l'enseignement des disciplines

Outre le système social des classes comme facteur de développement
de la personnalité, d'autres solutions de rechange existent. Dans ses
travaux sur l'empathie en milieu scolaire, Dupuy-Walker (1975) montre
qu'elle déborde les relations interpersonnelles de l'enseignant avec un
élève pour rejoindre son enseignement proprement dit, soit les méthodes pédagogiques qu'il utilise et l'attention qu'il porte au vécu des élèves
et du groupe. Les disciplines de base comme le français, les mathématiques et les sciences peuvent ajouter aux apprentissages d'ordre plutôt
cognitif qu'elles poursuivent, des objectifs très spécifiques de développement de la personne. C'est là un principe de la théorie d'enseignement
gestaltiste. On trouve en effet sous le concept de « confluence » (Corbeil
et Poupard, 1978), la réconciliation et l'intégration des dimensions cognitives, affectives, sociales et morales de la personnalité de l'individu.
Cette perspective offre une solution aux embarras fréquents des

enseignants : « Les programmes sont trop chargés pour qu'il nous soit loisible d'implanter systématiquement des modèles orientés vers des objectifs de croissance personnelle ».

Le champ de l'apprentissage de la langue maternelle a été retenu, dans un contexte expérimental, pour y intégrer des objectifs de développement personnel. *L'écriture : outil privilégié pour le développement de l'affectivité chez les enfants de neuf ans* (Lefebvre, 1988) est une recherche dont l'objectif est de « démontrer que l'école peut favoriser le développement affectif de l'élève tout en poursuivant l'étude des matières de base, voire l'enseignement de l'écriture expressive » (Lefebvre, 1988, p. 24). Voici une synthèse des stratégies d'enseignement qui ont stimulé l'écriture expressive en vue du développement cognitif et affectif des jeunes élèves, conformément aux structures et facteurs du concept de soi (Lefebvre, 1988, pp. 28-29). Alors qu'« on peut définir le concept de soi global comme les perceptions qu'un individu a de lui-même », conformément à « la plupart des chercheurs (par exemple, L'Écuyer, 1978 et Shavelson et coll., 1976), le concept de soi global est multidimensionnel » (Parent, 1990, p. 169). Les stratégies décrites dans la recherche de Lefebvre et résumées dans la figure 5 sont orientées vers des dimensions diverses du concept de soi.

Les situations d'apprentissage stimulaient les élèves à une meilleure connaissance et à l'acceptation plus positive d'eux-mêmes, à l'actualisation et à l'adaptation de leur personne, à l'expression créatrice de leur individualité par la maîtrise d'un type de discours écrit. L'impact des stratégies sur l'affectivité a été mesuré par deux tests : *Le concept de soi*, test de l'Écuyer, et *Les facteurs du concept de soi des enfants*, test de Piers-Harris (Lefebvre, 1988, p. 29). « L'analyse qualitative des résultats au test de l'Écuyer révèle que le groupe expérimental auquel le programme d'entraînement a été appliqué possède une plus grande modification des centrations de sous-structures du concept de soi » (Lefebvre, 1988, IV), c'est-à-dire l'image de soi, la référence à l'autre et le soi somatique. L'expression « image de soi » que les chercheurs européens distinguent de celle de « concept de soi » représente mieux les progrès du groupe dans la prise de conscience de soi. L'analyse quantitative des résultats au test de Piers-Harris (Piers, 1969) montre que le groupe expérimental a modifié de façon significative son concept de soi au post-test, alors que le groupe témoin, qui n'a pas été soumis au programme d'entraînement, indique une régression significative lors de l'évaluation finale du concept de soi, régression qui n'est pas un phénomène rare chez les élèves de neuf ans, compte tenu qu'ils n'intériorisent pas réellement, en termes de concept, la représentation qu'ils ont d'eux-mêmes.

Figure 5
Description des modèles et des thèmes exploités
lors d'activités d'écriture

Rencontres	Modèles	Thèmes exploités
1re	Aucun	Échange avec le groupe sur l'expérimentation. Exercices de réchauffement
2^e	Analyse transactionnelle de Berne	L'autoportrait
3^e	Cercle magique de Bessell	Qu'est-ce qu'un comportement?
4^e	Analyse transactionnelle de Berne	La boîte magique
5^e	Réunion de classe de Glasser	Les démolisseurs
6^e	Cercle magique de Bessell	J'aimerais m'appeler…
7^e	Entraînement à la conscience de soi de Schutz	Le rêve éveillé
8^e	Synectique de Gordon	La peur
9^e	Réunion de classe de Gordon	Un ami
10^e	Entraînement à la conscience de soi de Schutz	Le jeu du double
11^e	Gestalt de Perls	Le jeu de la place chaude
12^e	Non-directivité de Rogers	Ateliers-synthèse

Le développement de la personnalité intégré de façon systémati-que, quoique occasionnelle, à l'enseignement d'une matière de base fait économiser du temps, c'est de plus une façon de vivre une pédagogie unifiée du développement global de l'élève, un compromis en réponse aux critiques parfois virulentes dont l'école issue du mouvement huma-niste a fait l'objet, puis un mode d'actualisation de l'éducation confluente qui fait la synthèse des domaines affectif et cognitif. L'individu apprend à trouver des solutions qui favorisent sa croissance personnelle, à même les tensions et la frustration résultant de l'interaction des dimensions affectives et cognitives dans les situations d'apprentissage.

Figure 6
Aspects du concept de soi qui entrent en jeu
lors d'activités d'écriture

Le concept de soi selon l'Écuyer		
Structures	**Sous-structures**	**Rencontres**
Soi matériel	Soi somatique	1-2
	Soi possessif	2
Soi personnel	Image de soi	1-3-5-7-8-11
	Identité de soi	4-7-10
Soi adaptatif	Valeur de soi	1-6-8
	Activité du soi	4-6-8-10-11
Soi social	Préoccupations et activités sociales	4-5-7-9-11
	Référence au sexe	7-9
Soi-non-soi	Référence à l'autre	3-5-7-9-10-11
	Opinion des autres sur soi	3-5-7-9-10

Les facteurs du concept de soi des enfants selon Piers-Harris	
Facteurs	**Rencontres**
Comportement	1-3-5-7-11
Statut général et scolaire	1-4-6-10
Apparence physique	1-2
Anxiété	5-7-8-10-11
Popularité	3-4-5-7-9
Bonheur et satisfaction	1-3-4-5-6-7-8-11

Le programme de développement de la personnalité

Depuis 1983, le ministère de l'Éducation du Québec a intégré la formation personnelle et sociale aux programmes du primaire et du secondaire. Partiellement inspirée des gestaltistes, dont le programme développé par Bessell (1975), la formation personnelle et sociale « regroupe en cinq grands champs d'étude l'ensemble des sujets de formation : l'éducation à la santé, l'éducation à la sexualité, l'éducation aux relations interpersonnelles, l'éducation à la consommation, l'éducation à la vie en société »

(Beaulac, 1983, p. 13). À partir des thèmes traités, on vise à développer l'autonomie, le jugement personnel, les attitudes et comportements « qui permettent aux élèves d'atteindre des buts qu'ils se fixent en tant que personnes et en tant que citoyens » (Beaulac, 1983, p. 12). Le volet « relations interpersonnelles » répond à des besoins fondamentaux de l'enfant : être accepté et aimé, développer une image positive de soi fondée sur la valorisation de ses particularités individuelles, étendre le champ de sa conscience de soi par l'exploration de ses relations avec les autres, communiquer de façon bénéfique pour le moi et vivre une insertion familiale, scolaire et sociale qui soit une source de satisfaction et d'engagement responsable.

> L'école québécoise a remis en question certains postulats fondamentaux de la pédagogie non directive parce qu'ils risquent, dans la pratique, de nuire au développement de l'enfant (Artaud, 1982, p. 15). Ce faisant, l'école n'a pas pour autant renié les finalités du système d'éducation québécois ; il a toujours comme objectif général le développement intégral de la personne, et l'école maintient toujours un cadre d'interventions où les matières des programmes d'études tiennent une place importante. La situation qui prévaut actuellement inscrit le développement de la personnalité dans un programme spécifique que les enseignants sont libres d'inscrire à l'horaire. En dépit de nombreux soubresauts, l'école reste donc préoccupée de la croissance personnelle de l'élève. Par des moyens divers, elle fait sienne la lutte des gestaltistes en vue « de stimuler le potentiel humain sous-développé ou non réalisé » et d'aider l'individu à se libérer d'événements psychopathologiques inachevés (Polster, E. et M., 1983).

Chapitre 6

Modèles gestaltistes

La théorie de la gestalt développée par Frederick Perls à partir des travaux de Köhler, Koffka et Wertheimer a promu la croissance personnelle sous des formes variées : thérapie behavioriste, analyse transactionnelle et groupes de rencontre. La deuxième génération des gestaltistes formée par Frederick et Laura Perls, qui est représentée par Erving Polster, Joen Fagen, Abraham Levitsky, Irma Shepherd et James Simkin, a développé et raffiné l'œuvre des Perls. Une version unifiée de la gestalt est appliquée aux « psychothérapies individuelles, familiales et de groupe, inspirées par la psychanalyse » (Polster, E. et M., 1983, introduction de M. Berger, p. 14); elle a aussi donné lieu à des approches utilisables dans le milieu scolaire.

L'Institut Esalem, à Big Sur en Californie, demeure représentatif de tout ce qui s'appelle « mouvement du potentiel humain ». Fondé en 1961 par Michel Murphy et Richard Price, sous l'instigation d'Aldous Huxley, le centre manifesta un intérêt particulier pour le développement personnel : développement émotif et physique, expression personnelle et connaissance de soi. Parmi les nombreux éducateurs et thérapeutes qui se sont liés à Esalem et aux approches gestaltistes, on compte William Schutz qui a laissé des informations spécifiques pour l'entraînement à la conscience de soi dans son ouvrage intitulé *Joie* (1974). La joie y est perçue comme « la satisfaction que l'on ressent lorsqu'on permet à son potentiel de s'actualiser » (Schutz, 1967, p. 3).

L'intérêt de la gestalt, dans la foulée du courant humaniste, tient entre autres à son influence en éducation. Les travaux de recherche apportent un contrepoids au mouvement behavioriste par la valorisation de la subjectivité de la conscience individuelle; ils ouvrent une brèche à l'activité de l'hémisphère cérébral droit en projetant un éclairage nouveau sur le phénomène de la perception. Au Québec, le rayonnement d'Esalem converge avec la Révolution tranquille des années 60 qui fit triompher le « paradigme socio-culturel existentiel et le paradigme humaniste de l'éducation » (Bertrand et Valois, 1981) sous les formes les plus diverses. On retiendra ici les modèles d'enseignement de Schutz et de Perls qui opérationnalisent les principes de la gestalt. La comparaison de la structure des deux modèles et la présentation de stratégies appliquées au programme scolaire feront ressortir les propensions du courant humaniste à rapprocher l'école de la vie et promouvoir une vision plus globale de la personne à éduquer.

Principes de la théorie gestaltiste

La théorie gestaltiste peut être appliquée aux aspects affectifs de la personne, mais son intérêt central est l'organisation perceptive, c'est-à-dire les unités globales découpées dans la réalité, les structures, englobant ainsi des dimensions cognitives de la personne. La réconciliation des systèmes cognitifs et affectifs à l'intérieur de l'éducation confluente se fait sans que le domaine affectif ne prédomine sur le domaine cognitif tout en sachant très bien que si l'individu ne ressent pas le besoin d'apprendre, l'apprentissage ne peut avoir lieu. Ce besoin d'apprendre comporte aussi des dimensions affectives et cognitives. Le processus d'apprentissage s'enclenche quand l'organisme se sent confronté, confrontation de source injonctive, sociale, cognitive ou socio-cognitive. Il s'ensuit un état de déséquilibre, de manque, une tension qui ne sera réduite que par l'achèvement (gestalt) du processus donnant lieu à un apprentissage. Alors, l'équilibre, source de satisfaction, est rétabli. Indépendamment du niveau de développement de l'individu, un ensemble de lois président à l'apprentissage et à l'organisation des perceptions, ce sont : l'émergence de la forme, le rapport figure-fond, la ségrégation des unités et l'organisation de la forme (Dubé, 1986, p. 173).

L'organisation des perceptions

Pour expliquer comment la perception se produit, les théoriciens de la gestalt utilisent le concept de forme. Le monde physique stimule la conscience par l'émergence de formes qui parviennent au cortex grâce au système nerveux, non pas comme des éléments isolés mais comme des touts structurés. « Les représentations mentales, les objets de mémoire sont codés dans le cerveau comme des formes, en dépit de l'importante variabilité des synapses qui les stockent » (Changeux et Connes, 1989, pp. 171-172). Cependant, pour que des formes émergent, il faut qu'elles puissent se dégager d'un arrière-fond qui contraste suffisamment; dépendamment de l'orientation de notre attention vers les uns ou les autres de ces éléments, la figure et le fond peuvent varier; les gestaltistes parlent du rapport figure-fond. « La figure tire ses caractéristiques du fond sur lequel elle apparaît. Le fond sert de cadre où la figure est suspendue, et par là, la détermine... On peut démontrer que le fond est un cadre en analysant l'influence qu'il a sur la forme de la figure » (Koffka, cité par Dubé, 1986, p. 174). Cette loi et celle de la ségrégation des unités influencent de façon déterminante l'apprentissage. Quand les enseignants explorent un environnement physique au bénéfice de leurs élèves, qu'est-ce que ces élèves perçoivent vraiment? La ségrégation des unités peut porter sur des éléments qui contrastent ou se ressemblent, sont éloignés ou rapprochés; l'opération est essentiellement personnelle, chaque individu trouvant sa propre logique pour grouper, structurer et constituer un ensemble cohérent. « La perception n'est pas construite à partir des sensations, c'est une tendance à poser des formes, des structures » (Le Robert, p. 108). La loi de l'organisation de la forme, définie par la « prégnance », préside à la formation des gestalts : « [...] lors de la perception, l'organisation psychologique tend à se déplacer vers une direction plutôt que vers d'autres, selon les conditions qui prévalent à ce moment. On dit qu'elle tend vers la bonne forme » (Dubé, 1986, p. 176).

L'acte d'apprentissage

Dans le contexte du présent ouvrage, l'apport de la psychologie de la forme ou du gestaltisme dans le champ de l'apprentissage, et l'interprétation qui en est donnée, est une clé d'accès à l'hémisphère droit du cerveau. L'acte d'apprentissage est présenté sous des aspects nouveaux : l'*insight* et la pensée créatrice. L'*insight* est l'appellation retenue pour caractériser l'intuition, c'est « un mode intelligent d'apprentissage » (Dubé, 1986, p. 177), le mot intelligent comportant toute sa rigueur étymologique « *intus legere* » (lire en dedans). L'apprentissage ne serait donc pas pour les gestaltistes l'aboutissement d'un long syllogisme déductif, comme la logique traditionnelle l'explique, ni le produit du procédé d'induction cher aux associationnistes. L'enseignant ne provoque pas les impressions, il ne les dirige pas en quelque sorte dans l'esprit de l'élève qui, par la suite, en reproduira des images exactes. Köhler définit l'*insight* par les caractéristiques principales suivantes : « a) un moment de repos pendant lequel le sujet exécute une activité d'exploration visuelle qui précède la solution; b) la répétition presque immédiate de la solution, si le problème est présenté de nouveau après un premier *insight*, en raison de la disparition soudaine du temps exigé pour résoudre le problème; c) une généralisation de la solution trouvée par *insight* à d'autres problèmes analogues » (Dubé, 1986, p. 182). Quant à la pensée créatrice, elle explique les apprentissages portant sur des « phénomènes mentaux supérieurs » (Dubé, 1986, p. 180), dont la résolution de problème. Wertheimer répudie les processus d'association mis de l'avant par les méthodes behavioristes de Thorndike et, à l'instar de Köhler, montre les limites des voies déductive et inductive :

> [...] à l'école à côté de l'enseignement par répétition, de l'application de formules à partir d'un exemple type, du transfert d'une solution (*blind solution*) à des problèmes semblables, il existe la sensibilisation à une situation, une conscience de l'ensemble des faits qui permet une compréhension globale. Il en résulte une attitude dynamique du sujet qui comprend une situation sous tous ses aspects et développe des « *insights* » dans les domaines connexes. (Dubé, 1986, p. 181)

Activité 8

Illusion visuelle gestaltiste

Ce qui vient d'être expliqué au sujet de l'organisation des perceptions dans une perspective gestaltiste peut être expérimenté à partir d'un simple exercice.

Observez attentivement l'image de la page 149. Pour la percevoir globalement, laissez votre œil subir les impressions venant de l'arrière-fond et de la figure, selon la théorie de la forme. Fondée sur une illusion d'optique, l'image devrait vous faire voir deux visages de profil et le dessin d'un vase. Si vous les voyez, c'est que l'*insight* s'est produit et que vous avez su stimuler votre cerveau droit.

Les auteurs soulignent le rôle parfois contraignant du mode de pensée convergente dans une situation de résolution de problèmes. L'expérience qui suit vous permettra de mesurer l'emprise qu'exercent les facteurs inhibiteurs du cerveau gauche sur le cerveau droit. Si vous avez tendance à répéter la façon habituelle d'aborder une question, peut-être aurez-vous de la difficulté à résoudre le problème de Maier qui vous est soumis.

Activité 9

Pouvez-vous résoudre le problème?

Réunissez les neuf points ci-dessous par quatre segments de droite tracés d'un seul trait, sans lever le crayon.

• • •

• • •

• • •

Solution au problème : deux segments de droite dépassent le cadre des neuf points.

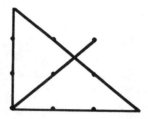

Modèle d'auto-exploration de soi

Le modèle d'auto-exploration de soi ou d'entraînement à la conscience de soi a fait siens les principes gestalistes en vue de l'actualisation du potentiel humain, source de joie. Au dire de Schutz, toute personne n'est jamais complètement épanouie. La perspective d'un développement plus total comporte comme exigence première la reconquête de la joie. Cela signifie la détermination ferme, chez l'individu, de se défaire d'habitudes négatives qui se traduisent par le sentiment de culpabilité, la honte, la peur de la correction et de l'échec, l'inconfort dans le succès, la vulnérabilité face aux jugements et la tendance à la démission; il a l'assurance qu'il lui est possible de lever les obstacles à la décontraction et de transformer les comportements, pensées et sentiments inhibiteurs. L'auteur propose quatre types de développement propres à l'actualisation de soi : la prise de conscience de son corps, le fonctionnement personnel incluant le développement intellectuel, les relations interpersonnelles, puis le développement social.

La prise de conscience du corps

La prise de conscience de son corps apparaît, au premier abord, comme l'aporie la plus existentielle. Comment peut-on être inconscient de cette réalité qui est moi? S'il est facile d'accepter que « le vivant meurt de son corps » (Jankelevitch, 1977, p. 540), il est également juste d'affirmer qu'il en vit. Cependant, si l'on considère la prise de conscience de son corps en termes de « penser le corps » (Brohm, 1990, p. 54), cela s'avère difficile. Merleau-Ponty (1945, cité par Brohm, 1990, p. 57) décrit bien le dilemme que comporte l'impossible distanciation. « Dire qu'il est toujours près de moi, toujours là pour moi, c'est dire que jamais il n'est vraiment devant moi, que je ne peux le déployer sous mon regard. »

Aussi n'est-il pas inutile, avant de s'engager dans des activités visant la prise de conscience de son corps et plus largement le développement corporel, de s'arrêter aux difficultés épistémologiques de toute étude sur le corps comme elles ont été synthétisées par Brohm à la fin de l'article : « L'impensé du corps : prologomènes épistémologiques » (1990, p. 56).

a) Le corps est une réalité complexe qui doit être envisagée sous une grande variété de points de vue […].

b) Le corps est une réalité quotidienne. Comme telle, elle est difficilement objectivable et mesurable. Le fait que le corps est, comme l'écrit Sartre (1943, p. 394), un « instrument que je ne puis utiliser au moyen d'un autre instrument, le point de vue sur lequel je ne puis plus prendre de point de vue », rend difficile toute objectivation et nécessite une analyse fine des implications et contre-implications.

c) Le corps n'est ni un objet, ni une chose, ni même un champ de recherches délimité. Le corps est partout et nulle part, comme la mort au demeurant. À la limite tout est corps, d'où l'extrême difficulté à cerner « l'objet » corps comme objet scientifique. De quoi parle-t-on par conséquent lorsqu'il est question de corps?

d) La question du corps ne saurait jamais laisser indifférent. Toujours et partout se pose par conséquent la question des valeurs, des jugements de valeur et des évaluations. Toute recherche sur le corps est en même temps une axiologie, une donation de sens.

e) En tant que subjectivité insérée dans l'ordre symbolique et parlée du langage, la corporéité ne peut jamais s'abstraire du conflit des interprétations et donc d'une herméneutique dialectique liée au travail du sens (sens du corps, corps qui fait sens).

D'un point de vue autre que celui de la « métacorporéité », c'est-à-dire de la réflexion sur le corps, les chercheurs ont découvert des données importantes sur le corps. L'observation du cerveau humain démontre que la peur de l'échec et la violence en classe perturbent le fonctionnement normal de certains centres cérébraux et nuisent à l'apprentissage. On doit à la théoricienne Ida Ralph une meilleure connaissance du rapport qui lie les domaines physique et émotionnel, les réactions du corps aux états émotionnels. Un traumatisme émotionnel ou physique peut perturber l'équilibre du corps. Lowen, le créateur de la bio-énergie, émet l'hypothèse que « les troubles fonctionnels de l'esprit se manifestent au niveau du fonctionnement et de la structure du corps » (Schutz, 1967, p. 21). Fort de ces données, Schutz considère les activités de prise de conscience du corps comme des éléments essentiels à l'épanouissement et à la joie.

En classe, les activités en vue de la prise de conscience de son corps peuvent prendre des formes multiples. Une expérience auprès de huit jeunes enfants de cinq à huit ans, hyperactifs ou autistiques, a démontré le rôle des sensations physiques agréables pour réduire l'agressivité dans les comportements interpersonnels (Cipelletti et Monnier, 1990). L'hypothèse de départ était la suivante : les enfants participant à des activités de prise de conscience de la peau, sa texture et les sensations proprioceptives procurées par le toucher auront moins tendance à utiliser des comportements agressifs pour entrer en contact.

Trois activités de massage à l'huile d'amandes parfumées à la mandarine ont été planifiées. Les enfants sont jumelés en fonction de l'intérêt qu'ils manifestent l'un pour l'autre lors de la vie en classe et s'adonnent librement et avec plaisir à l'activité réciproque de massage. Un retour sur chaque activité permet aux enfants de réaliser l'effet bénéfique des touchers qui sont doux; cependant, c'est le climat de la classe qui est le plus signifiant : les enfants sont tous très calmes, coopérants, plutôt silencieux et nullement agressifs. L'expérience globale : massage et analyse en vue de la prise de conscience est devenue un point d'ancrage pour diminuer les comportements physiques agressifs. Un enfant qui était en train de taper son camarade a, sous le regard de l'enseignante, transformé son intention en disant : « Non! Non! masser », puis il effectua le geste (massage) sur son camarade. De façon générale, à la suite d'une courte expérimentation, les enfants manifestent une plus grande capacité de se remettre en question et d'être conscients lorsqu'ils sont agressifs avec un camarade. L'amorce d'une prise de conscience de son corps et de son moi semble en train de s'effectuer.

La prise de conscience du corps concerne aussi la structure physique de l'être humain. L'écoute attentive de son corps peut aider à détecter tout indice de malfonctionnement susceptible d'entraver l'accomplissement de soi. Non moins importante est la préoccupation de construire son corps. L'idéal n'est pas la conquête d'un corps athlétique, mais la maîtrise qui en fait un bon véhicule de la personnalité : musculature harmonieuse, articulations souples, évolution aisée, élégance naturelle et équilibre d'ensemble. La démarche est un comportement complexe où la structure physique se révèle; en plus de caractériser la personnalité, elle exprime la maîtrise ou la non-maîtrise d'apprentissages corporels multiples et structurés.

Le fonctionnement personnel

Le fonctionnement personnel efficace est dépendant de la conscience de soi, cette connaissance profonde de son monde intérieur et de la réalité extérieure, c'est-à-dire de l'information inscrite dans la structure de son cerveau; la lecture en est rendue possible par l'intermédiaire de ses accomplissements. Les sens sont les intermédiaires nécessaires à cette prise de conscience et leur éducation est primordiale; elle a pour but d'affiner les perceptions kinesthésiques, tactiles, visuelles et autres; d'éveiller l'appréciation et la conscience sensorielles; d'accroître le contrôle moteur; de développer le système nerveux et d'éduquer les fonctions qui contrôlent les émotions. Plus précisément, le fonctionnement personnel a pour objet la conscience qu'a un individu des sensations qu'il éprouve lors de l'actualisation de ses possibilités. Il nécessite une conscience très aiguë, ressentie sinon pensée, de son corps. Certaines personnes vivent en marge de cette conscience, privées du plaisir et du supplément d'intensité que les sensations, tant physiques qu'émotives, apportent à la vie. Les témoignages des athlètes soulignent la rémunération naturelle que leur procure la conscience d'avoir utilisé leurs capacités au maximum. L'activité créatrice est un moment privilégié d'actualisation maximale de son fonctionnement personnel.

En vue de stimuler, chez les élèves de neuf ans, la prise de conscience de leurs sentiments et de leurs émotions, Lefebvre (1988, pp. 33-34) a utilisé une mise en situation : le rêve éveillé. Il s'agit d'illustrer les sentiments éprouvés lors d'une situation conflictuelle. Une démarche imaginaire, le jeu de fantasme, met à jour le dilemme que vit l'élève lors d'une prise de décision. La vision élargie des possibilités offertes lors d'un choix à faire aide l'élève à mieux ressentir le conflit et à évaluer plus objectivement la décision à retenir.

Phase 1 : Présentation du problème

Le groupe s'assoit par terre, en cercle, ainsi que l'animatrice. Afin de situer le problème, de permettre aux élèves de s'explorer intérieurement, de s'ouvrir aux autres et d'exposer les sentiments ressentis, elle leur pose les questions suivantes :

– Est-ce qu'il t'arrive de te mettre en colère?

– Que dis-tu à ce moment-là? Que fais-tu?

– Que souhaites-tu qu'il se passe?

– Pourquoi certains se fâchent et d'autres pas devant une même situation?

– Qu'est-ce que tu ressens lorsque tu es en colère?

Phase 2 : Discussion et analyse

Par la suite, on introduit le jeu de fantasme. Chacun est couché sur le dos sur le sol et a les yeux fermés. L'élève est amené, dans son rêve éveillé, à entrevoir le conflit qui se déroule en lui dans un climat de colère et à mieux discerner toutes les dimensions du vécu. Le groupe reçoit la consigne suivante de l'animatrice :

> Imagine-toi durant un moment où tu es en colère. Invente deux personnages qui essaient de te convaincre; l'un qui te dit d'être violent et de réagir, l'autre qui te dit de te calmer. Ils discutent tous les deux, essaient de te convaincre et, à la fin, il y en a un qui gagne. Regarde bien dans ta tête de quoi ils ont l'air tes personnages, à qui ils ressemblent. Quels sont les arguments qu'ils utilisent pour te convaincre? Qui a gagné?

> Après deux ou trois minutes de rêverie, on ouvre les yeux. Chaque participant fait le récit de ce qu'il a imaginé. L'animatrice, par ses questions, aide à préciser l'allure des personnages, leurs voix, le lieu de la rencontre, les arguments importants, lequel des personnages est le plus convaincant.

> Cette rencontre crée un degré d'émotivité assez élevé. La communication verbale est présente tout au long de la séance et la rédaction d'un texte découlera de ces échanges. Ces derniers pourront favoriser une prise de conscience plus approfondie lors d'une objectivation subséquente.

Les relations interpersonnelles

Les relations entre humains doivent, selon Schutz, satisfaire trois besoins fondamentaux : l'inclusion, le contrôle et l'affection. L'inclusion traduit le besoin d'intégration et d'appartenance à un groupe. « Nul homme n'est une île. » L'autre versant de l'inclusion réside dans le besoin d'attention, qui peut mener à attirer l'attention, et le désir qu'éprouve une personne d'être reconnue comme distincte et unique en tant que personne. Le second besoin est le contrôle; il concerne les processus de décision entre les gens et il s'exerce dans le domaine du pouvoir, de l'influence et de l'autorité. Nourri par le désir de puissance, il peut, à l'opposé, être caractérisé par la volonté de la personne d'être contrôlée et dégagée de ses responsabilités (Schutz, 1967, p. 90). Enfin, le besoin d'affection est le plus vital. Il n'y a pas d'épanouissement humain pour qui est mal aimé. En groupe, à l'école, les comportements affectifs s'expriment par l'amitié. La personne, dont les besoins d'affection, de contrôle et d'inclusion sont comblés, peut faire face avec un égal succès, à des situations où elle est très engagée émotionnellement de même qu'à d'autres où l'engagement est moins intense; elle peut aussi bien guider que suivre, et sait, selon la situation, où elle se sentira le plus à l'aise; elle vit de façon épanouie et joyeuse qu'elle soit en compagnie ou seule, connaissant bien la mesure et les circonstances qui assurent son équilibre.

Les situations naturelles où les besoins d'inclusion, de contrôle et d'affection peuvent être comblés ne manquent pas à l'école. Cependant, le milieu scolaire est pour certains élèves très frustrant. Trop souvent, les relations interpersonnelles sont vécues de façon négative et engendrent le rejet. Les élèves, dont les idées influencent rarement les décisions qui sont prises, perdent confiance en eux-mêmes et se désengagent. Enfin, l'intimité et les échanges chaleureux qui accompagnent l'amitié demeurent absents de la vie scolaire de plusieurs jeunes. Dans un tel contexte, l'école n'est pas un milieu de croissance personnelle.

Le développement social

Les relations interpersonnelles engagent dans la dynamique du social; celle-ci se vit essentiellement dans des interactions provenant d'événements socio-affectifs les plus divers et susceptibles de rendre la personne socialement efficace. On reconnaît qu'un individu a acquis un degré d'efficacité qui le rend fonctionnel sur le plan social, quand il sait interpréter les comportements des gens et leurs effets sur les autres; quand il accepte la responsabilité de ses comportements; quand il est conscient de l'imperfection humaine : toute personne a des peurs, des colères ou autres traits perturbants; quand il sait que toute relation entre deux personnes comporte les éléments fondamentaux de contrôle et d'affection. En somme, le développement social nécessite la confluence de développements antérieurs dont la conscience de ses sentiments, pensées et actions; l'image positive de soi; puis la compétence responsable. Ce sont là les garanties d'une communication fructueuse.

L'actualisation de soi par l'éducation physique

L'éducation physique est un champ d'application qui privilégie les développements liés à l'actualisation de soi pourvu que l'activité physique s'inscrive dans une dynamique positive. Voici à cet effet, les réflexions soutenues d'un éducateur (La Rue, 1988). Le plaisir accompagne le jeu ou le sport quand on a le sentiment d'être ensemble, quand on se sent créatif et spontané, sans être soumis à aucune obligation, ni évaluation, ni stress. Par contre, ce même plaisir disparaît lorsque s'installent la monotonie et la répétition qui sont reliées à des structures rigides et restrictives, ou quand une compétition outrée dégénère en une absence notoire d'esprit sportif.

Si le développement corporel harmonieux et la socialisation positive représentent les objectifs majeurs du jeu, il faut alors instaurer les moyens d'atteindre ces objectifs, que ce soit avec les jeunes, les adultes, les handicapés et même les personnes du troisième âge. Il ne viendrait pas à l'idée à quiconque jouant avec un jeune enfant de vouloir gagner à tout prix. La personne est à l'écoute et si l'enfant s'amuse, elle est contente. L'échange ne s'établit pas que par la parole, il y a l'écoute du corps, de ses réactions : c'est le jeu pour le jeu. Ce sont, en fait, les relations les plus intenses et privilégiées qui puissent être atteintes par le jeu, et qui lui donnent sa vraie dimension. Concevoir le jeu comme une occasion de se mettre en valeur, en oubliant ses partenaires, c'est s'isoler du groupe pour faire cavalier seul. Les partenaires se sentiront agressés, se défendront ou se retireront.

En tant qu'éducateur, il est en effet essentiel de rechercher une manière de jouer qui suscite un échange positif entre les individus et qui soit exempte de violence physique et verbale. Orlick définit quatre facteurs psychosociaux déterminant les activités de nature coopérative : la coopération, l'acceptation, l'engagement personnel et le plaisir. La coopération comprend la communication, la cohésion, la confiance et le développement de relations interpersonnelles positives; le mot clé est l'entraide. L'acceptation est le fait d'être accepté par les autres participants et de les accepter en retour tels qu'ils sont. C'est un des rôles les plus importants des activités coopératives qui fait en sorte que personne n'est éliminé ni rejeté par le groupe. L'engagement signifie que chaque participant contribue à la réussite d'une tâche commune selon ses capacités : tous pour un et un pour tous. Enfin, les participants jouent pour s'amuser avant tout. Si un jeu ou un sport est dénué de plaisir, il perd son vrai sens. Les liens qui unissent ces facteurs psychosociaux avec les fondements théoriques du modèle de Schutz apparaissent ici d'une évidence claire. Le jeu coopératif s'inscrit dans l'optique du développement corporel et fonctionnel de l'individu tout en favorisant des rapports interpersonnels et sociaux valorisants.

Structure des modèles gestaltistes

Le modèle de Schutz	Le modèle de Perls
L'auto-exploration de soi s'effectue lors d'activités de groupe qui prennent les formes les plus diverses. Au départ, l'enseignant prend l'initiative de poser un problème ou d'assigner une tâche. Le processus qui suit est très libre, l'objectif étant que les personnes du groupe se révèlent et que ce matériel verbal ou autres devienne matière à objectivation.	Les situations d'enseignement comportent des aspects cognitifs et affectifs qui sont offerts globalement aux apprenants. Tous les types de contenus sont pertinents dans la mesure où l'enseignant les relie au vécu du groupe. Les techniques les plus diverses : jeux de rôles, discussions, dyade, atelier, etc. incitent l'apprenant à explorer ses réactions personnelles : « Qu'est-ce que je valorise dans ce choix? », « Comment puis-je me situer par rapport à ce dilemme? »

Syntaxe

Phase I

Exposé du problème ou de la tâche sans influencer les attitudes du groupe face au travail.	Prise de connaissance du sujet à l'étude et prise de conscience des réactions affectives. L'apprenant devient perméable, personnel, de moins en moins détaché ou réservé.

Phase II

Accomplissement de la tâche qui devient un laboratoire d'observation et d'exploration des réactions.	Par imprégnations successives et confluence des aspects cognitifs et affectifs, l'apprenant va de l'expérience à la conceptualisation, à l'expérience à nouveau, pour atteindre les frontières de son « moi ».

Phase III

Analyse du vécu de façon à ce que les besoins d'inclusion, de contrôle et d'affection soient satisfaits.	Enrichissement des gestalts à partir d'éléments externes issus des échanges avec les pairs. Reprise du cycle.

Principe d'action de l'enseignant

L'enseignant est à la fois animateur et observateur attentif des signaux de tout ordre provenant du groupe. Il canalise l'émotivité souvent intense de façon à éviter la surtension. Il facilite et encourage la participation de chacun : ouverture au groupe, verbalisation des sentiments; il maintient une structure mi-directive.

L'enseignant s'engage personnellement dans l'expérience, source de croissance. Il est responsable des contenus qui sont présentés de façon à impliquer les élèves dans leur vécu; il est la personne ressource qui indirectement les accompagne dans leur démarche d'apprentissage.

Organisation sociale

La relation pédagogique soutient l'individu dans le travail d'auto-exploration de soi; les normes de réciprocité, de confiance et d'ouverture d'esprit caractérisent le climat social. Le travail en groupe est l'occasion pour l'individu de vivre une relation où ses besoins fondamentaux sont satisfaits.

À travers la relation avec le groupe, l'élève enrichit ses perceptions. Il assume cependant la responsabilité du déroulement de ses activités d'apprentissage. L'enseignant dirige le contenu cognitif de façon à faire appel à l'affectivité.

Système de soutien

L'enseignant est la ressource nécessaire; il fait preuve d'ouverture d'esprit et de compétence dans les relations interpersonnelles.

L'enseignant est capable d'écoute de l'autre; il sait subordonner les exigences de son programme à celles de ses élèves.

Activités inspirées du modèle de Schutz (La Rue, 1988)

Le modèle d'enseignement de Schutz a été expérimenté avec un groupe d'enfants de la garderie maternelle Évangéline du pavillon Lafontaine de l'UQAM, groupe âgé de 5 ans et au nombre de dix, dont quatre garçons et six filles. Ces enfants se connaissaient bien, ils évoluaient ensemble à cette garderie, depuis l'âge de deux ans.

Les activités ont eu lieu dans une section délimitée du gymnase pendant deux journées consécutives à raison de séances d'environ une heure par jour. Les activités se sont déroulées en matinée de onze heures à midi. Au total, quatre mises en situation ont été expérimentées, soit deux à chacune des séances. On a utilisé le matériel de soutien suivant : matelas de sol (pour l'activité 3); cônes (pour l'activité 2); bandeaux (pour les activités 1 et 2); boîte du magicien avec miroir de fond (pour l'activité 4) et magnétophone à cassettes (pour les activités 1 et 2).

Les quatre activités se sont déroulées selon un scénario qui respecte la structure du modèle de Schutz :

– L'enseignant a exposé la tâche à réaliser ainsi que les consignes précises s'y rattachant.

– Pendant le déroulement de l'activité, l'enseignant a joué le rôle d'observateur et de guide en rappelant les consignes dans le cas où certains enfants tendaient à s'éloigner des objectifs de l'activité.

– À la fin de chaque activité, les enfants se sont assis en cercle et il y a eu discussion sur l'activité.

Bien que tous les enfants, sans exception, aient participé de plein gré aux activités, certains n'ont pas voulu verbaliser ce qu'ils avaient ressenti, ce qui a été respecté. Il va sans dire qu'il y a eu souvent recoupement des réponses, et c'est pourquoi le compte rendu des activités ne fournit que quelques prototypes.

Activité 1 : Devine qui je suis?

L'activité consiste en une déambulation aveugle. On se place en cercle, assez distancés les uns des autres. Les participants observent tout le monde : les caractéristiques des vêtements, la grandeur, la chevelure, etc., puis, ils se bandent les yeux. L'enseignant circule et voit à ce que les bandeaux soient bien installés. Au signal, plus personne ne doit parler; on place les deux mains en avant de soi et on avance jusqu'à ce que l'on rencontre quelqu'un. Lorsqu'il y a rencontre, on essaie de découvrir qui est celui que l'on a rejoint en le touchant, en palpant son linge, sa figure, ses cheveux, etc. Si on croit avoir découvert qui c'est, on dit son nom et celui-ci nous répond : « Oui, c'est moi » ou « Non, ce n'est pas moi ». Peu importe si l'on a découvert qui est la personne que l'on a rencontrée, on se dirige ensuite dans une autre direction en plaçant les mains devant soi afin de chercher quelqu'un d'autre.

Buts

- prise de conscience des autres à partir de caractéristiques personnelles à chacun (perception visuelle);
- affinement des perceptions tactiles.

Compte rendu

La mise en place de l'activité et son déroulement ont duré environ dix minutes chacun. Les enfants ont pris plaisir au jeu. Quelques-uns ont retiré leur bandeau à un moment donné mais ont accepté de le remettre sans objection. L'analyse du vécu et le renforcement des besoins d'inclusion, de contrôle et d'affection se sont effectués sous forme d'échange informel.

Enseignant :	Comment on se sent les yeux bandés (quand on est aveugle)?
Maxime :	Le gymnase est plus grand.
Ursule :	C'est noir.
Jeanne :	J'ai un peu peur.
Enseignant :	Pourquoi?
Jeanne :	J'ai peur de tomber.
Anne-Sophie :	Moi, je n'ai pas peur.
Simon :	J'aime ça, c'est le fun.
Anouk :	Pas de réponse.
Romain :	C'est bizarre.
Enseignant :	Comment ça?
Romain :	Je ne sais pas mais c'est bizarre.

Andréanne F. :   On dirait que j'entends plus de bruit.

Andréanne P. :   Moi aussi.

Manuel :   J'avançais lentement.

Enseignant :   As-tu rencontré beaucoup d'amis? Les as-tu reconnus?
                  Comment as-tu fait pour les reconnaître?

Les enfants répondent avec précision quant au nombre et aux caractéristiques qui ont permis l'identification.

Enseignant :   Pourquoi t'as enlevé ton bandeau?

Romain :   Je ne voyais rien.

Enseignant :   Mais c'était ça le jeu...

Romain :   Je sais mais je voulais voir où j'allais.

Enseignant :   Avais-tu peur?

Romain :   Un peu.

Enseignant :   Pourquoi as-tu enlevé ton bandeau, Manuel?

Manuel :   Je voulais voir où était Romain.

Enseignant :   Pourquoi?

Manuel :   Je voulais aller le toucher.

Enseignant :   Pourquoi Romain?

Manuel :   Parce que c'est mon ami.

Enseignant :   Oui, mais le jeu c'était d'être aveugle...

Manuel :   Je l'ai remis mon bandeau.

Enseignant :   Oui, c'est bien, je suis content de toi Manuel.

Activité 2 : Guides et guidés

Consigne

Tout d'abord, on se choisit un partenaire puis on décide qui va être l'aveugle (celui qui va bander ses yeux) et qui va être le guide. Après un premier jeu, ceux qui étaient aveugles vont être les guides et ceux qui étaient guides seront aveugles. Je vais ensuite donner à chaque équipe une corde. Chacun tiendra un bout. Les guides dirigeront les aveugles à l'aide de la corde seulement; ils ne devront pas parler. Les aveugles suivront en se fiant à la direction donnée par le guide. Vous allez ressentir sur le bout de vos doigts que le guide veut vous faire tourner à gauche, à droite, vous faire pencher, vous relever. C'est comme si le guide, c'était mes yeux, je lui fais confiance.

Buts

> – développer la confiance en l'autre, son partenaire;
>
> – affiner les perceptions sensorielles kinesthésiques et tactiles;
>
> – faire vivre une relation interpersonnelle d'empathie, se mettre dans la peau de l'autre en se laissant guider où le partenaire veut nous amener.

Compte rendu

Les équipes suivantes ont été formées :

Maxime–Romain

Manuel–Anouk

Simon–Andréanne P.

Anne-Sophie–Andréanne F.

L'environnement était aménagé de façon à former un parcours d'obstacles. La disposition des cônes obligeait les enfants à les contourner et à revenir au point de départ. Les enfants ont marché autour des cônes, les guides dirigeant les aveugles. Le jeu terminé, les questions suivantes ont amené les enfants à exprimer ce qu'ils avaient vécu :

Enseignant :   Qu'est-ce que ça vous faisait d'être aveugle puis de savoir que c'était un autre qui avait vos yeux et qu'il vous faisait marcher avec?

Lui faisais-tu confiance, est-ce qu'il (elle) t'a bien guidé(e)?

Qu'est-ce que tu ressentais au bout des doigts?

Savais-tu où tu étais quand tu as enlevé ton bandeau?

Romain–Maxime :	Il m'a fait foncer dans un cône, mais c'est pas grave, après, il m'a emmené ailleurs. Je le sentais sur le bout de mes doigts puis partout dans mon corps. Je ne savais pas où j'étais mais c'est pas grave.
Maxime–Romain :	Il est grand, puis il a des bons yeux; je pense qu'il m'a emmené partout.
Anouk–Manuel :	Il m'a fait foncer dans le mur. Je pense qu'il ne regardait pas où il allait. C'est drôle. Après, j'avais peur qu'il me fasse encore foncer dans le mur. Il m'a emmené très loin, je ne savais plus où j'étais.
Ursule–Jeanne :	Elle me faisait toujours tourner autour du même cône. J'étais étourdie mais j'avais pas peur. Je savais où j'étais.
Simon–Andréanne :	Elle tirait trop fort.
Andréanne :	C'était pas de ma faute, Simon, tu voulais pas avancer.
Enseignant :	Avais-tu peur Simon?
Simon :	Non.
Enseignant :	Pourquoi tu ne voulais pas avancer?
Simon :	Je ne sais pas.
Anne-Sophie–Andréanne F. :	Elle n'allait pas vite. Je pense qu'elle voulait pas que je me fasse mal. Elle ne tirait pas fort sur la corde.

Activité 3 : Le cercle de confiance

On forme un cercle autour d'un ami qui est au centre. Celui-ci doit avoir les deux pieds collés ensemble et les bras le long du corps; il peut fermer ses yeux s'il veut mais ce n'est pas obligatoire. Il se laisse tomber, les amis sont là pour le repousser. Ceux qui sont autour le repoussent doucement vers le centre ou vers un autre ami.

Buts

- expérience de déséquilibre;

- détente passive en faisant confiance aux autres (relation inter-personnelle);

- prise de conscience tactile et kinesthésique des points de contact des mains qui repoussent;

- prise de conscience de son corps.

Compte rendu

Les enfants ont expérimenté le déséquilibre à tour de rôle. Ils étaient vraiment anxieux d'être au centre du cercle. L'enseignant s'est joint au groupe et a montré une façon d'être plus solide pour attraper l'ami du centre, soit en plaçant un pied derrière et les mains devant soi. Il a aussi participé au jeu, histoire de mettre les enfants plus en confiance, surtout lorqu'est venu le tour de certains enfants plus grands ou plus costauds d'expérimenter le déséquilibre.

L'échange qui a suivi a permis une meilleure prise de conscience de son corps, de ses émotions et de sa relation à l'autre. Seule Anouk n'a pas participé au jeu, elle a dit n'être pas intéressée. Trois enfants ont exprimé leur peur de se laisser aller au déséquilibre, dont Romain parce que, dit-il : « Je suis plus grand que les autres. Mais quand tu es venu, je n'avais plus peur ». Jeanne a pris plaisir au risque du jeu : « Tu as attendu longtemps avant de m'attraper. Je pensais que tu étais pour me laisser tomber. C'est le fun ».

Activité 4 : La boîte du magicien

Le jeu consiste à demander aux enfants : « Qui est la personne la plus importante au monde? » Avant que chacun s'exprime, l'enseignant mon-tre aux enfants la boîte du magicien. « Moi, je suis un magicien et je sais qui est la personne la plus importante au monde; elle est cachée dans ma boîte. Quand chacun m'aura dit qui est la personne la plus importante au monde, vous allez venir, chacun à votre tour, voir dans la boîte qui est la personne la plus importante au monde. » La boîte est évidemment munie d'un miroir de fond de sorte que lorsque l'enfant regarde dans la boîte, c'est son visage qu'il aperçoit.

Buts

– prendre conscience du « moi » comme personne;

– rehausser l'identité de la personne.

Compte rendu

Les premières réponses ont influencé celles qui ont suivi. Il est préférable que la première personne à qui l'on pose la question ne soit pas un leader, car il y a de fortes chances que les autres enchaînent avec la même réponse. Tous les enfants ont répondu : « le bon Dieu » ou « Jésus » sauf Romain qui (le cinquième à répondre) a dit : « Ma maman ». Pour lui, la réponse semblait évidente parce que Romain vit avec sa mère (famille monoparentale) et il ne voit son père que rarement. Ce n'est pas le cas pour les autres enfants où les deux parents sont présents. À tour de rôle, les enfants sont venus voir (se voir) dans la boîte. On ne disait pas qui on avait vu, cependant, il fallait voir l'expression sur le visage de certains... Expression de joie, d'étonnement surtout! Puis, l'enseignant a demandé au groupe : « Qui est la personne la plus importante au monde? » Tous se sont écriés : « Moi ». Simon s'est approché de l'enseignant et lui a demandé : « Pourquoi t'as mis un miroir au fond de la boîte? »

Enseignante : Qui tu as vu dans la boîte, Simon?

Simon :   Moi.

Enseignante : Et, qui j'ai dit qu'on verrait dans la boîte? (long moment d'hésitation) Qui, Simon?

Simon :   Bien, la personne la plus importante au monde.

Enseignante : Et puis...

Pas de réponse, mais un grand, un énorme sourire.

Prenant en considération que le modèle de Schutz vise l'auto-exploration de soi par le développement de son potentiel tant corporel, personnel, interpersonnel que social, il est possible d'avancer que l'expérimentation a été une réussite. En effet, les différentes activités ont permis aux enfants de vivre une expérience de joie où ils ont appris à accroître la perception de leur moi en tenant compte de leur rôle et de celui des autres dans des mises en situation de groupe. Ils ont notamment été en mesure d'affiner leurs perceptions visuelles et tactiles; ils ont également appris que l'on peut faire confiance aux autres et qu'en retour, les autres peuvent avoir confiance en nous et, finalement, ils ont pris conscience d'eux-mêmes, qu'ils sont des individus à part entière, qu'ils existent et qu'ils sont importants. Même si ces activités ont été pratiquées à l'intérieur d'un groupe, elles ont néanmoins visé chaque enfant individuellement; les autres, à l'intérieur du groupe, représentaient une sorte de miroir pour prendre conscience de soi.

Stratégies d'enseignement de la littérature selon Perls*

M. Hillman demanda à son groupe d'élèves du secondaire de se lever et de se mêler entre eux au centre de la pièce, puis, sans parler, de former des groupes de quatre; si le groupe est de cinq, quelqu'un doit le quitter; s'il est de trois, on doit trouver une autre personne. Les participants ont ensuite discuté le processus de formation des groupes : ce qui les a poussés à choisir leur groupe, et M. Hillman fit le lien entre ce processus et la discussion que la classe avait eue au sujet du *Red Badge of Courage* de Crane. Le héros du roman se joint à plusieurs groupes et se dissocie d'autres au cours du récit, rencontrant aussi bien l'acceptation que le rejet. L'utilisation de cette technique permet aux élèves de mieux comprendre les sentiments du héros. Employée pour étudier le regroupement des garçons dans le roman *Lord of the Flies*, la technique illustre le caractère souvent inconscient du regroupement. La prise de conscience des motifs qui nous font choisir certains groupes peut conduire à une meilleure connaissance de nous-mêmes.

On demanda aux participants de compléter, à tour de rôle, l'expression : « Ça prend du courage pour… » (« …regarder des gens dans les yeux »; « …laisser quelqu'un me toucher »). M. Hillman fit le lien avec la discussion au sujet de *Red Badge of Courage*, pour les aider à comprendre la signification du courage et pour personnaliser, humaniser le combat qui se déroule dans l'esprit de Henry Fleming, le héros du roman.

M. Hillman initia le groupe à la « conversation tactile ». Groupés en dyades, les participants fermèrent les yeux et poursuivirent une conversation avec les mains. Ils dirent bonjour, firent connaissance, se promenèrent ensemble, dansèrent, se battirent, se réconcilièrent et se dirent au revoir. Il expliqua ensuite comment cette technique fut utilisée dans la discussion sur le manque de communication des membres de la famille

---

* Selon Brown, 1968, pp. 4-9.

Loman dans *Mort d'un commis-voyageur* (Miller, 1957), montrant à la classe, par l'expérience, que les gens peuvent communiquer autrement que par la parole, et souvent plus efficacement.

Les stratégies issues de la théorie de la forme connaissent du succès à l'école et leur usage est appelé à s'intensifier parce qu'elles s'inscrivent dans une vision de l'éducation qui est plus globale. L'élève est convié à l'apprentissage dans des situations où l'expression émotive, la prise de conscience de soi et l'actualisation de sa personne ont leur place. Les besoins d'inclusion, de contrôle et d'affection trouvent alors un lieu par excellence pour être comblés. Ces aspects essentiels, cognitifs et affectifs, par leur interrelation, font que ce qui se vit à l'école a du sens. « Il est convenu, en pédagogie, que la nature de l'humain ne lui fait accepter l'effort qu'à la condition de se voir rétribué, de façon immédiate ou différée, d'une gratification qui y soit rattachée. L'absence d'une telle gratification déclenche ce que Henri Laborit (1976) appelle le système inhibiteur de l'action » (Dussault et Sorin, 1991).

À l'heure où le behaviorisme qui a trop longtemps fait échec à une perspective globale en éducation semble diminuer dans l'estime des milieux éducatifs, la psychologie de la forme connaît un regain d'intérêt. La curiosité grandissante des éducateurs pour les théories d'enseignement qui dérivent de celles du fonctionnement du cerveau humain, le lien de plus en plus manifeste entre le gestaltisme et les caractéristiques de l'hémisphère droit, la nécessité d'individualiser les enseignements dans le respect du style d'apprentissage des élèves, voilà autant de raisons d'intégrer les modèles gestaltistes à l'école. Dans la foulée du courant humaniste, on situera aussi l'autodiscipline, un objectif de croissance personnelle de première importance, et la question de la réussite scolaire qui est garante de l'harmonie du développement cognitif et affectif de l'individu.

Chapitre 7

Autodiscipline et réussite scolaire

L'autodiscipline et la réussite scolaire sont des facteurs du développement de la personnalité parce que, d'une part, l'autodiscipline est une option pour des comportements adaptés, ce qui présuppose chez l'individu une action dirigée par un ensemble de valeurs dont la responsabilité, le respect, l'acceptation de guides de conduite et autres; d'autre part, la réussite scolaire est à la base d'un moi sain et fort, d'un concept de soi capable de mener à l'actualisation du potentiel humain. De même, leur versant négatif, l'indiscipline et l'échec scolaire sont aussi souvent liés. Communément affirmée, cette relation a été confirmée dans l'ouvrage d'Estrela (1986, p. 297) intitulé : *Une étude sur l'indiscipline en classe.* « On a observé que les élèves indisciplinés avaient en commun, dans leur quasi-totalité, l'expérience de l'échec scolaire, ce qui nous amène à affirmer l'existence d'une forte relation entre indiscipline et échec scolaire ». Glasser observe aussi cette relation, mais à l'inverse : l'échec scolaire serait une cause importante des comportements indisciplinés et délinquants.

Certes, l'autodiscipline n'est pas le facteur unique et déterminant de la réussite scolaire; cependant, l'étude de leur relation présente un caractère de haute pertinence pour l'école. Un ensemble de phénomènes sociaux : décrochage, délinquance juvénile, mésadaptation socio-affective, troubles de comportements, analphabétisme et drogue, sont des indications de l'urgence d'une réflexion sur l'autodiscipline et la promotion d'une pédagogie du succès.

École et autodiscipline

Les modèles éducationnels prédominants à l'école se prêtent bien à une analyse de l'autodiscipline à travers les systèmes sociaux où s'actualise la relation pédagogique. Il ne s'agit certes pas de voir la discipline selon des catégories rigides — ce qui risque de dégager des prototypes avec lesquels les éducateurs, comme individus, ont du mal à s'identifier — tout au plus, les modèles fourniront-ils un cadre d'analyse qui aidera à dégager les apports majeurs à la question de la discipline à l'école. L'option des enseignants et des directeurs scolaires pour un mode de discipline à implanter dans leur milieu s'en trouve d'autant mieux éclairée.

La typologie des modèles éducationnels de Bertrand (1979) offre une synthèse intéressante dans ce sens qu'elle permet de situer le problème de la discipline dans une dynamique où les acteurs principaux de la relation pédagogique sont convoqués : l'éducateur, l'éduqué et la société. Les figures 7 et 8 illustrent les relations entre les acteurs et les modèles qui en découlent. Ce cadre servira à l'analyse de la discipline propre à chacun des modèles éducationnels. On notera l'absence d'un modèle pédagogique dans la typologie; la pédagogie n'a jamais orienté le concept de discipline. La classe est souvent utilisée comme laboratoire pour éprouver les théories sur la discipline/indiscipline; cependant, les recherches préoccupées d'étudier ce qui « se passe réellement à l'école sur le plan disciplinaire » et « comment les participants le ressentent » (Estrela, 1986, p. 137) sont récentes. Les travaux de Kounin (1977) et d'Estrela (1986) sont les premières contributions à l'élaboration d'un modèle pédagogique de la discipline.

Le caractère de la discipline dans le modèle systématique

Le modèle systématique vise à maximiser l'apprentissage et, dans ce contexte, la discipline est un ensemble de règles destinées à créer les conditions favorables à l'enseignement et à l'apprentissage. Tout comme il revient à l'éducateur de diriger les apprentissages, il lui incombe aussi d'établir la discipline. Les pôles d'appui de la discipline sont la motivation de l'éduqué pour apprendre et le soutien de l'environnement pour assurer la performance. La motivation peut être intrinsèque, en ce cas l'autodiscipline est possible; par contre, dans la perspective behavioriste, parce que l'environnement est l'élément déterminant du comportement de l'individu, la discipline est régie par les stimuli que le milieu met en place et, à la limite, l'autodiscipline est inexistante. On ne peut alors parler de motivation, elle est remplacée par le renforcement

Figure 7
Éléments de la problématique éducationnelle

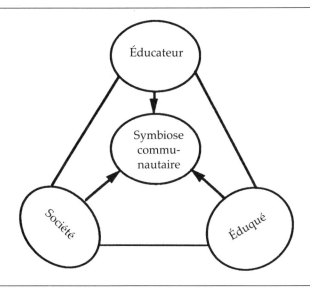

Figure 8
Typologie des modèles éducationnels

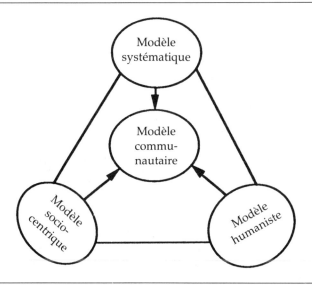

positif et négatif, ou par l'absence de renforcement dite extinction : l'enseignant choisit d'ignorer les infractions à la discipline. Des auteurs comme Watson, Tolmann, Skinner, Becker et Bandura insistent sur le rôle des stratégies que l'enseignant élabore pour orienter le comportement « vers la ligne des standards requis par l'apprentissage » (Glavin, cité par Estrela, p. 70). Les approches traditionnelle, rationnelle et technologique sont toutes regroupées sous le modèle systématique. L'éducateur organise l'environnement pédagogique et disciplinaire susceptible de conduire l'éduqué à des apprentissages efficaces. La discipline est un moyen et non une fin de l'éducation.

Figure 9
Discipline dans le modèle systématique

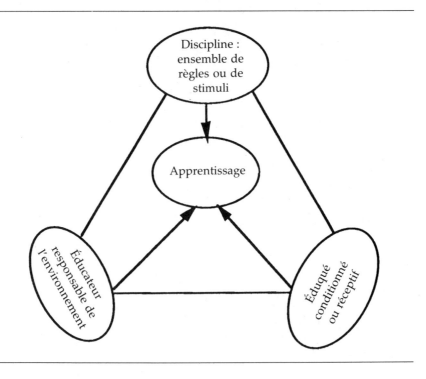

Le type de discipline propre au modèle humaniste

Les tenants de l'approche organique inspirée de Rogers s'opposent à toute systématisation de la discipline. L'école centrée sur l'enfant, c'est aussi la discipline laissée à l'enfant. L'expression de soi ne saurait être contenue par les fers du conditionnement. Le désir de croissance personnelle est le régulateur naturel des conduites justes à adopter, de l'autodiscipline à se donner pour que cette croissance s'effectue. Quand des comportements donnent lieu à des situations conflictuelles que l'on qualifierait d'indiscipline hors de la pédagogie non directive, alors les attitudes de « considération inconditionnelle positive » de l'autre, d'empathie et d'authenticité deviennent les bases qui orientent le groupe dans la recherche de solutions constructives. La désorganisation temporaire du groupe est une occasion de prise de conscience, de communication et d'ouverture à l'autre.

Tout en conservant les valeurs d'engagement personnel de l'individu et d'ouverture à l'autre, si l'on fait incliner légèrement l'axe personnalisé de l'approche organique vers l'interpersonnel, la relation apparaît alors comme l'élément régulateur des conduites. Des modèles inspirés de la théorie de la gestalt tels la dynamique de groupe de Lewin, Lippitt, Bradford et Berne, puis l'analyse transactionnelle de Berne (1971) considèrent la relation interpersonnelle à travers les types de leadership et les états du moi. Il existe une correspondance entre les uns et les autres. Le leadership « autoritaire » correspond à une transaction entre des partenaires inégaux où, selon Berne, le moi « parent » s'impose; il en résulte de l'hostilité et de l'agressivité, de l'infantilisme et de la dépendance, du conformisme et de l'apathie, un ensemble de comportements reliés davantage au modèle systématique. Le leadership « laisser-faire », parce qu'excessivement permissif, encourage le bavardage, les pertes de temps et l'inefficacité. Il correspond à un aspect du moi « enfant » et peut déclencher des éléments positifs tels la créativité, la curiosité, l'exploration et l'expérimentation. Le leadership « démocratique » serait le plus propice à l'autodiscipline grâce au développement des comportements positifs suivants : la responsabilité, la coopération et l'engagement dans le travail. Le leadership « démocratique » aurait comme équivalent une conduite entre partenaires réglée par le moi « adulte ».

Idéalement, le modèle humaniste décrit la discipline par la relation entre un moi « adulte » et un leadership « démocratique »; des critiques moins inconditionnelles de la pédagogie non directive la décrivent comme l'exercice d'un leadership « laisser-faire » et d'un moi « enfant ». Le leadership de l'enseignant, quel que soit son type, influence indubitablement la discipline; de nombreuses recherches l'ont démontré (Flanders, 1951; Postic, 1979; Bastide, 1966). Le rôle que l'enseignant joue à l'intérieur du système social de la classe n'est jamais neutre; l'effet Pygmalion s'exerce non seulement sur les résultats scolaires de l'élève, mais aussi sur sa conduite.

Les approches de la non-directivité, de la dynamique de groupe et de l'analyse transactionnelle peuvent se réclamer d'un modèle humaniste dans leur façon de concevoir la discipline à l'école. Le choix du concept autodiscipline définit mieux l'ensemble des conduites libres, responsables et autonomes; pour ce faire, l'éducateur exerce un leadership démocratique empreint de respect pour l'autre; le système social qui régit le groupe est caractérisé par des relations interpersonnelles d'acceptation mutuelle. La croissance de l'individu ou de l'éduqué détermine la finalité de la discipline.

Figure 10
Autodiscipline dans le modèle humaniste

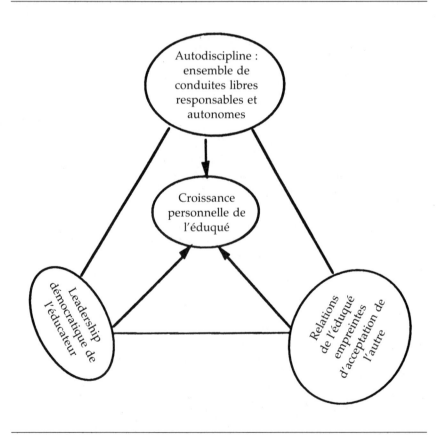

Le rôle de la discipline dans le modèle sociocentrique

La sociologie a souvent choisi l'école comme terrain expérimental et l'ouvrage de Durkeim *Éducation et sociologie* (1980) est un classique de l'étude de la discipline scolaire. L'auteur développe une théorie où la discipline « est la morale du corps social et un élément de cohésion » (Estrela, p. 103). Les tenants du caractère social et politique de la discipline la voient comme un ferment de suppression des inégalités sociales, de transformation non pas au plan individuel mais collectif. Des auteurs comme Bourdieu et Passeron (1970) démontrent les aspects

Figure 11
Discipline dans le modèle sociocentrique

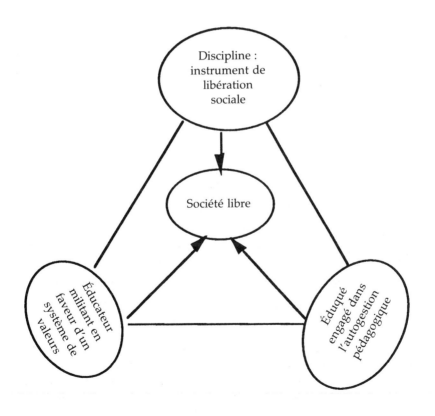

aliénants de l'exercice du pouvoir; leurs idées ont influencé l'école québécoise. Le modèle sociocentrique s'est fait jour à travers l'analyse institutionnelle et l'autogestion pédagogique défendues par Lapassade
(1971), Lobrot (1970) et Lourau (1971). Plutôt que d'autodiscipline, on
fait l'apologie de l'indiscipline comme une force de résistance à « la
reproduction »; cette attitude révèle le caractère de mésadaptation de
l'école qui engendre les déviances. La crise des valeurs à laquelle font
face les sociétés a engendré une crise de la discipline. La réinstauration
de l'autodiscipline devra s'accompagner d'une clarification des valeurs
au profit de l'éduqué.

Essentiellement, le modèle sociocentrique conçoit la discipline
comme un instrument de transformation sociale; celle-ci est la responsabilité concertée des éduqués à qui incombe l'autogestion de l'école et
de l'éducateur qui prône les valeurs établissant les assises d'une société
libre, affranchie de l'oppression des classes dirigeantes.

La discipline dans le modèle communautaire

Le modèle communautaire (Bertrand, 1979) est le point de convergence
des trois modèles précédents et des trois partenaires de l'action
éducative : l'éduqué, l'éducateur et la société. S'inspirant d'une vision
macroscopique de la vie à l'école, le modèle oriente le programme d'études vers la survie de la planète, en privilégiant les objectifs d'ordre
écologique et social. Le modèle s'applique à une école au pluriel, soit
l'école de quartier qui intègre les ressources humaines et physiques de
l'environnement, et les problématiques qui lui sont propres; soit, à l'autre extrémité, l'école éclatée ou « une société sans école » (Illich, 1971)
qui encourage et promeut l'autodéveloppement de l'individu à l'intérieur de la communauté. L'école communautaire fait de la société le
partenaire déterminant de l'activité éducative dans son ensemble et de
la discipline en particulier. Ainsi, l'éducation civique remplace les codes
disciplinaires; les valeurs transcendantes dominent celles de la réussite
scolaire, de l'actualisation de soi et de l'engagement politique. La société
exerce une tâche éducatrice et l'éduqué fait la synthèse des dynamiques
divergentes qui concourent à son autodéveloppement et à son autodiscipline.

Au Québec, depuis plus d'une décennie, le modèle issu de *La
thérapie par le réel* de Glasser (1971) a trouvé des partisans, car il converge
vers des objectifs d'autodiscipline dans le respect des contraintes que
pose la réalité. Le modèle, quoique élaboré dans le cadre d'une théorie
du développement personnel de l'individu, comporte des aspects qui

Figure 12
Discipline adaptée au modèle communautaire

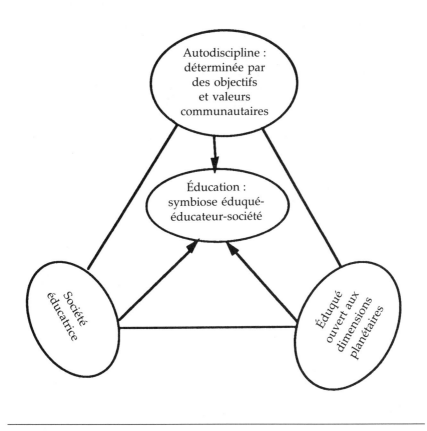

permettent de l'implanter dans une approche communautaire de l'éducation. Des écoles qui ont opté pour le modèle de Glasser ont sensibilisé les parents, cellules sociales, à une action éducative concertée. Il y a là un mouvement important pour rapprocher l'école du milieu social et pour aménager la discipline dans une perspective communautaire. La polyvalence du modèle de Glasser le rend ouvert aux problématiques écologiques et aux valeurs inhérentes à une perspective macroscopique de l'éducation laquelle peut motiver les élèves à apprendre, ce en quoi l'école actuelle échoue, totalement ou partiellement, dans 50 % des cas, au dire de Glasser.

Modèle d'autodiscipline ouvert
à des objectifs communautaires

La psychanalyse s'est intéressée à la question de la discipline. Glasser, en tant que psychiatre, a développé une théorie connue sous le nom de « *reality therapy* », thérapie par le réel, qui reconnaît à l'individu la responsabilité de ses comportements et la non-nécessité de retourner à son passé lors des relations d'aide pour améliorer sa conduite et son style de vie. Appliquée à l'école, la thérapie s'exerce lors de réunions de classe qui visent l'instauration d'une pédagogie de la réussite, garante de comportements disciplinaires acceptables. Le modèle de réunion de classe se préoccupe de donner du sens au vécu des élèves, et cela dès leur cinq premières années de scolarité, alors que l'expérience du succès et le développement d'une image positive de soi sont déterminants pour la construction de la personnalité. Ce modèle est en réaction contre le behaviorisme, par le fait qu'il attribue à la personne, la responsabilité de son agir et de son être; il s'oppose aussi au « réductionnisme de la psychanalyse étroitement orthodoxe » (Glasser, 1973, p. 6) en refusant de s'adonner à une fouille dans le passé du patient pour pouvoir l'aider à améliorer ses comportements et son style de vie. Rendre les élèves responsables, engagés, capables d'accepter la réalité du monde environnant sont des éléments clés de la thérapie par le réel appliquée à l'école.

Le modèle de réunion de classe

La réunion de classe est le nom donné par Glasser aux rencontres de groupe où l'on applique les principes de la thérapie par le réel. Les séances couvrent une période de 30 à 45 minutes, se répètent au moins une fois par semaine; l'enseignant et les élèves laissent de côté les activités au programme pour discuter de questions d'intérêt personnel et communautaire, de comportements d'apprentissage et trouver des solutions à des problèmes vécus par le groupe. L'ouvrage intitulé *Des écoles sans déchets* (Glasser, 1973) informe sur la conduite des réunions de classe.

La réunion, quand elle porte sur l'analyse des comportements sociaux en classe, favorise une approche de résolution de problèmes où l'indiscipline d'une classe ou de toute une école peut être résolue. La réunion, caractérisée par une discussion libre, prévoit un forum où les questions concernant la vie des élèves, leurs valeurs, leurs intérêts et leurs préoccupations communautaires trouvent un lieu pour l'échange. Elle est, au dire de Glasser (1973, p. 161), la « pierre angulaire d'une éducation porteuse de sens. C'est le genre de réunion que l'on devrait utiliser le plus souvent, même là où se produisent souvent des problèmes de comportement ». Enfin, la réunion de classe s'apparente au diagnostic pédagogique quand elle porte sur les apprentissages, notamment le degré de compréhension des concepts clés inscrits au programme scolaire. Il ne s'agit pas d'évaluer ou de classer les élèves, mais de découvrir ce qu'ils comprennent et ce qu'ils ne comprennent pas afin de les engager dans une pédagogie de la réussite. Les techniques de ces types de réunions peuvent être utilisées par les éducateurs entre eux pour résoudre des problèmes concernant des individus ou un groupe et l'école entière.

La rencontre ou réunion de classe a été promue par maints éducateurs, qu'il s'agisse de la réunion coopérative de Freinet, du cercle magique de Bessell, des communications dans le cadre de la dynamique de groupe de Bradford, Gibb et Benne. Les raisons qui militent en sa faveur sont diverses et les retombées positives et multiples. Pour Khan, elle crée un climat de cohésion dans un groupe; Glasser, Bany et Johnson la voient comme un instrument pour résoudre des conflits; elle est un puissant outil de gestion de la discipline pour Weiss, Bany, Johnson, Freinet et Glasser; elle sert des objectifs de croissance personnelle, selon Schutz, Bessell et Lewin; Glasser la reconnaît aussi comme un stimulant à la motivation; Ferry, Glasser et Lewin la recommandent pour diminuer les tensions dans un groupe; elle déculperait l'énergie en vue de la production, d'après Lewin; pour Rogers et Freinet, elle développe l'autonomie grâce à l'autogestion; elle prévient l'échec, selon Glasser; enfin, Freire la considère comme une source de conscientisation sociale et politique.

Les fondements théoriques du modèle de réunion de classe

Des vérités de sens commun fondent la thèse de Glasser sur les comportements humains : les individus en problème sont ceux qui ne parviennent pas à combler des besoins aussi fondamentaux que l'amour et le respect liés à une image positive de soi. Les relations humaines peu gratifiantes ne satisfont pas le besoin d'aimer et d'être aimé qu'éprouve l'individu et s'accompagnent de symptômes psychopathologiques courants : malaises, anxiété, dépression, sentiment d'échec et refuge hors de la réalité. La relation d'aide qu'apporte la thérapie par le réel conduit la personne à accepter que la réalité existe et qu'elle peut combler ses besoins fondamentaux à l'intérieur de la structure du réel. À l'école, le besoin d'aimer prend la forme d'une responsabilité sociale qui consiste à s'entraider mutuellement et à se porter attention. De plus, le sentiment profond de sa propre valeur est une condition d'équilibre personnel, surtout quand il est partagé par les autres. Ce sentiment s'assortit de l'obligation de maintenir un comportement acceptable, sans cependant donner dans le conformisme comme règle de conduite ou valeur à promouvoir. Les standards des comportements attendus reposent sur la valorisation de soi. Trois concepts définissent la thérapie par le réel : ce que l'on fait doit être réaliste, responsable et bon.

Une action est dite réaliste ou irréaliste seulement lorsqu'on prend en considération, compare et évalue ses conséquences immédiates ou lointaines. Elle suppose une attitude raisonnable qui permet à l'individu de choisir parmi deux types de comportement celui qui révèle une plus grande sagesse. En classe, le concept de réalité implique également celui de la pertinence des comportements intégrés dans le milieu et le temps. Freud, en distinguant le principe du plaisir du principe de la réalité, souligne le caractère déterminant de l'intégration dans le temps et le milieu. La valorisation de ce principe ne repose donc pas sur la morale conventionnelle, mais bien plutôt sur un ensemble de valeurs sous-jacentes à la socialisation, notamment celles de la communauté immédiate. Le concept de réalité implique aussi le fait que la thérapie par le réel s'intéresse à l'ici et maintenant refusant l'explication freudienne des comportements par des causes lointaines, ce que les behavioristes ont qualifié de « survivance de l'attitude magique » (Bandura, cité par Estrela, 1986, p. 69).

Le concept de responsabilité est défini par Glasser (1971, p. 36) comme « l'aptitude à satisfaire ses besoins de façon à ne pas brimer les autres dans leur aptitude à satisfaire les leurs »; il implique aussi la fidélité à ses engagements. Amplifiant la portée de l'agir responsable, Glasser affirmera :« Les gens n'agissent pas de façon irresponsable parce qu'ils sont "malades"; ils sont "malades" parce qu'ils agissent de façon irresponsable » (cité par Mowrer, 1976, p. 85). La pratique de la thérapie par le réel insiste sur l'engagement du patient alors que le point de vue freudien attribue au manque d'*insight* le problème de la personne névrotique. Le développement d'attitudes responsables et engagées est grandement favorisé par une approche thérapeutique de groupe. C'est pour cette raison que la thérapie par le réel transposée à l'école s'exerce en majeure partie à l'intérieur de réunions de classe où éduqué, éducateur et éduqués sont en interrelations.

Le concept de l'agir « bon » et « correct » complète les précédents en mettant en lumière l'importance des normes. Glasser reconnaît que des normes de comportement existent et qu'un individu est fier de lui lorsqu'il agit d'une façon que lui et les autres jugent comme étant bonne et correcte. Dans une perspective communautaire, les éduqués, l'éducateur et les parents jouent un rôle important dans la mise en place des normes et des sanctions qui en découlent.

La structure du modèle de réunion de classe

Une stratégie d'intervention inspirée de la thérapie par le réel comporte un ensemble d'éléments et d'étapes. Suivant la spécificité de la réunion — comportement social, discussion libre ou diagnostic pédagogique —, des adaptations sont nécessaires; cependant, des constantes caractérisent la façon dont les activités se déroulent. Dans tous les cas, le succès de la rencontre repose sur un climat qui favorise un engagement humain positif de la part de l'enseignant et des élèves. Le groupe a également le souci de se concentrer sur le réel, soit un comportement observable plutôt que des émotions, un sujet de discussion personnalisé plutôt que général, une capacité de faire sienne la connaissance plutôt qu'une mémorisation non significative. Le groupe s'adonne à une activité d'analyse formulant des jugements de valeur personnels sur le sujet de la réunion. Les possibilités de réponse à la question discutée, choix de comportements ou de points de vue, selon le cas, orientent vers l'engagement, la formulation d'hypothèses et la conscience d'un sujet intériorisé. Enfin, lorsque toutes les étapes ont été franchies, l'enseignant responsable s'assure qu'une action conséquente s'ensuit mettant ainsi à l'épreuve des conduites réalistes, responsables et bonnes.

Outre ces étapes qui définissent la syntaxe des activités d'échanges à l'intérieur de la réunion de classe, la stratégie pédagogique comporte aussi un système social qui est instauré conformément à la thérapie par le réel. Cette composante du modèle qui décrit le type de relations à promouvoir dans les réunions de classe est sans contredit la clé du succès des rencontres. Le principe social sur lequel sont basées les réunions est la dynamique des échanges et la force de cohésion du groupe et des individus entre eux. C'est sur ce principe que reposent de nombreuses thérapies; rappelons, entre autres, le succès des alcooliques anonymes (AA). L'engagement des pairs crée en effet une interrelation qui décuple les efforts requis pour modifier un comportement; elle suscite aussi les intérêts communs. L'identification qui cimente la vie du groupe procure alors le climat social nécessaire à la réussite des réunions de classe. L'éducateur encourage la cohésion du groupe autour d'actions réalistes, responsables et bonnes. Tout en centrant son action éducative sur les élèves, son leadership demeure modérément directif.

Une autre dimension essentielle du modèle est le principe d'action de l'enseignant, des parents, de la direction d'école, suivant les paliers d'engagement communautaire. Tout éducateur qui applique les principes de la thérapie par le réel doit être « profondément responsable, déterminé, engagé, sensible et humain » (Bassin, 1976, p. 195). Contrairement à la thérapie rogérienne, où le thérapeute reflète le client sans s'engager personnellement, l'approche glassérienne est basée sur l'implication du thérapeute ou de l'éducateur; sans établir ses valeurs comme exemplaires, il est clair pour tous qu'elles sont importantes pour lui. Glasser (1965, p. 23) affirme :

> Alors, la pratique de la *Thérapie par le réel* requiert de la force, non seulement la force du thérapeute pour mener lui-même une vie responsable, mais encore la force de résister aux patients qui veulent qu'il accède à leur responsabilité et de continuer à leur faire voir la réalité en dépit de leur lutte intense pour y échapper.

Les conseils de Glasser au thérapeute s'adressent aussi aux éducateurs. D'abord, il faut amener l'éduqué à s'impliquer personnellement. L'implication dépend, d'une part, de la qualité de la relation qui marque les rapports éducateur-éduqué et, d'autre part, de la capacité d'engagement de l'éducateur lui-même, ou de sa révélation de soi; la relation est donc subjective et personnelle. Dans le cas de la réunion portant sur les comportements sociaux, l'éducateur anime le groupe dans l'analyse des comportements et non des sentiments. Dans ce travail pour amener l'individu à désavouer les comportements irresponsables, tant les siens que ceux des autres, l'éducateur n'accepte pas d'excuses, il ne démissionne jamais. Il se peut que l'éduqué teste la sincérité de l'implication de l'adulte; celui-ci fait preuve de responsabilité et ne l'abandonne pas en cours de relation d'aide.

En somme, une ressource majeure des réunions de classe repose sur les qualités de l'éducateur. Idéalement, il possède une personnalité chaleureuse et manifeste de l'habileté dans les relations interpersonnelles aussi bien que dans les techniques de discussion en groupe. Il doit être capable de créer un climat d'ouverture dans le groupe, afin d'assurer le bon déroulement des activités. Au plan matériel, Glasser souligne l'importance de placer les élèves en cercle pour les réunions de classe, c'est un élément essentiel aux échanges en groupe.

Dans le contexte théorique et organisationnel qui vient d'être présenté, Glasser situe le succès scolaire. À l'école, le problème de l'échec est davantage un problème de relation humaine que de capacité intellectuelle. Les relations humaines positives étant la source principale de satisfaction des besoins humains fondamentaux, elles influencent grandement la performance scolaire. « Pour commencer à avoir du succès, il faut que les élèves reçoivent à l'école ce qui leur manque : de bonnes relations avec d'autres personnes, aussi bien des adultes que des enfants » (Glasser, 1973, p. 30).

Une autre dimension du modèle, c'est qu'il peut être appliqué dans le contexte de l'éducation à l'environnement pour l'atteinte d'objectifs de conscience accrue de celui-ci. Cette conscience va de la sensibilisation à l'engagement, dépendamment des phases de développement de l'élève. À l'école, l'élève apprend à vivre la prise en charge de son environnement à l'intérieur d'une volonté communautaire, c'est-à-dire la sensibilisation et la détermination à agir de plusieurs intervenants. La polarisation des individus étant la source principale d'actions politiques orientées, la conscientisation et l'engagement influencent grandement les gains écologiques. Pour commencer à vivre à l'échelle planétaire, il faut que les élèves reçoivent à l'école une éducation communautaire établissant une relation de symbiose entre les éduqués, l'éducateur et la société, selon une approche pédagogique de dimension globale où le caractère unifié de la relation entre l'homme et son environnement est sans cesse rappelé.

Activité 10

Lecture et échanges avec des collègues

Dans un souci de relier la théorie à la pratique, voici deux applications de la réunion de classe selon Glasser : la discussion libre et le diagnostic pédagogique. Après avoir lu les rapports d'expérimentation, une discussion entre collègues facilitera la planification de réunions semblables au profit des élèves.

Réunion de classe : discussion libre*

Le choix du sujet

Une discussion libre avec des enfants de sept ans environ a porté sur le sujet de la cécité. Voici le récit qu'en fait l'enseignante.

> Dans l'école urbaine où j'ai animé cette discussion pour la première fois, les enfants n'avaient guère l'habitude de manifester une grande

---

* Selon Glasser, 1973, pp. 162-165.

curiosité intellectuelle. Ce qu'ils ne savaient pas du monde ne paraissait pas les intéresser. Toutefois, lorsqu'on présentait quelque chose de nouveau d'une manière logique et sensée, ils s'enthousiasmaient et montraient autant de curiosité et de réflexion que les enfants de milieux plus stimulants. Je demandai aux enfants ce qu'ils faisaient avec leurs yeux, et ils répondirent tous : « Nous voyons! » Réponse exacte, simple et réaliste. Dans une discussion avec des petits enfants, il vaut mieux les faire commencer à un niveau simple où ils font confiance à leur possibilité de donner une bonne réponse.

L'exploration du sujet

Abordant ensuite une question plus complexe, je demandai : « Que voyez-vous avec vos yeux? » Ils citèrent beaucoup de choses, y compris « les mots dans nos livres ». Cette fois encore, ils apportaient une bonne réponse à une question; ils en étaient ravis et ils participaient de plus en plus spontanément à la réunion. En même temps, je pouvais les orienter vers les livres et la lecture d'une manière toute nouvelle pour eux. Les enfants sont tout aussi enthousiasmés par des concepts nouveaux que nous-mêmes, et ils sont tout aussi ennuyés et agacés que nous par la monotonie. L'un des avantages des réunions de discussion libre est de donner à de nouvelles méthodes ou à de nouvelles théories une occasion d'être mises en pratique. Je demandai ensuite aux enfants des renseignements sur les gens qui ne peuvent pas voir, et ils me répondirent : « Ce sont des aveugles ». Une brève discussion sur ce que signifie la cécité s'ensuivit. Bien qu'ils aient apparemment compris ce qu'était la cécité, la plupart des enfants étaient persuadés que les aveugles pourraient voir s'ils essayaient vraiment. Nous avons alors travaillé assez longtemps avant que tout le monde eût compris que les aveugles ne pouvaient pas voir du tout. Les enfants fermèrent bien les yeux et les gardèrent ainsi pendant quelque temps. Lentement, pendant cette participation et cette discussion de groupe, il se fit peu à peu jour dans l'esprit des élèves que lorsqu'on est aveugle, on ne peut rien voir.

La présentation d'un problème

À ce stade, les enfants étaient tous entrés dans le jeu, mais ils n'avaient pas encore pratiqué la réflexion pour résoudre des problèmes. Il était donc important d'introduire à ce moment un problème se rapportant à leur travail scolaire et pouvant être résolu par eux-mêmes en s'y appliquant bien. Je posai alors la question : « Est-ce qu'un aveugle pourrait lire? » La réaction que je reçus de ces enfants de sept ans s'exprima par des rires, de l'embarras et de l'incrédulité. Penser qu'un aveugle pût lire, après qu'ils venaient tout juste de conclure qu'un aveugle ne pouvait pas voir, était vraiment absurde. Je leur demandai de continuer à réfléchir pour voir si quelqu'un pourrait imaginer quelque moyen qui permît à un aveugle de lire. Naturellement, je leur dis qu'il y avait une réponse. Je ne poserais pas à des enfants de cet âge une question qui n'aurait pas de réponse possible, bien que dans ce cas la réponse ne fut pas facile à trouver. J'ai insisté pour qu'ils essaient encore de résoudre ce problème; leur première réaction, quand ils s'aperçurent que c'était réellement trop difficile, fut d'abandonner. À l'école, les enfants avaient rarement utilisé leur intelligence pour résoudre des problèmes. Accoutumés à des réponses simples et mémorisées, ils donnaient leur langue au chat lorsque ces réponses ne venaient pas.

L'émission et l'expérimentation d'hypothèses

Jusqu'ici, la discussion avait ravivé l'intérêt des enfants et renforcé leur confiance en leur propre intelligence. Ils essayèrent encore de trouver la réponse, mais on les sentait vraiment dans l'impasse. L'animateur doit juger du moment opportun pour leur venir en aide; il ne doit pas le faire trop tôt. Je décidai, à ce moment-là, de les aider en demandant si quelqu'un voudrait bien participer à une petite expérience. Il y eut immédiatement une levée de mains; ils voulaient tous essayer, en partie parce qu'ils avaient le sentiment que l'expérience était un moyen de poursuivre la discussion. Je choisis un garçon qui, je l'avais deviné, n'était pas l'un des meilleurs élèves de la classe au point de vue travail et discipline. Il agitait la main énergiquement pour indiquer qu'il était vraiment désireux de participer. Je le fis venir et lui dis de fermer hermétiquement les yeux et de tendre les mains. Je lui demandai s'il ne regardait tout de même pas un peu à la dérobée : il répondit que non. Je mis alors une pièce de monnaie dans l'une de ses mains et un billet de banque dans l'autre, puis je lui demandai s'il pouvait me dire ce que j'avais mis dans ses mains. Toute la classe était maintenant captivée par l'expérience. Quelques-uns parmi les enfants les plus brillants commencèrent dès ce moment à se faire déjà une idée. Le garçon put me dire ce qu'il avait dans les mains. Je lui demandai comment il le savait. Bien qu'il ne fût pas très prompt à s'exprimer, il déclara finalement que n'importe qui pourrait distinguer un billet de banque d'une pièce de monnaie. Lorsque je lui enlevai le billet pour mettre à la place une toute petite pièce, il put encore distinguer cette dernière de la pièce précédente. Je le priai ensuite d'aller s'asseoir. De nouveau, je me suis tournée vers la classe avec cette question : « Comment un aveugle pourrait-il lire? » Des élèves réfléchis se mirent maintenant à exprimer l'idée que si un aveugle pouvait sentir avec ses doigts les lettres sur une page, il pourrait peut-être lire. Je leur dis : « Mais comment pourrait-il sentir les lettres sur une page? Le papier est trop lisse ». Ce disant, je passai mes doigts sur une feuille de papier. Un enfant très intelligent se mit à dire : « Si l'on prenait une épingle et faisait des trous par-ci par-là, on pourrait sentir les trous ». À partir de là, la plupart des élèves — et ils se montraient en ce moment fort enthousiasmés — saisissait la notion que l'on pourrait sentir avec les doigts les lettres sur une page.

Cependant, je n'étais pas complètement satisfaite. Aussi, ajoutai-je : « À supposer que vous puissiez sentir les lettres sur la page, je ne pense pas cependant que vous puissiez les distinguer les unes des autres ». Ils répondirent qu'ils le pourraient. Je répétai qu'ils ne le pourraient pas. Je suggérai une autre expérience pour essayer de découvrir s'ils pouvaient ou non reconnaître un mot en traçant les lettres sans les voir; je leur demandai donc s'ils pouvaient écrire leur nom sur le tableau, les yeux fermés. Durant cette discussion, j'avais remarqué une fillette assise non loin de moi qui essayait de suivre intensément ce qui se passait. À ce moment, elle leva énergiquement la main — d'ailleurs, toutes les autres mains dans la classe étaient également levées — mais je m'adressai à elle. Très lentement, d'une manière très gauche mais pourtant reconnaissable, elle écrivit son nom sur le tableau. Tandis qu'elle était devant le tableau, l'institutrice, quelque peu alarmée, me passa un mot pour me dire que la fillette était arriérée mentale et qu'il ne fallait pas m'étonner si elle ne réussissait rien. Arriérée ou non, elle s'adonnait totalement à l'expérience. Elle s'était ingéniée à gribouiller quelque chose sur le tableau : elle-même et ses camarades purent y reconnaître son nom. Ils mouraient tous d'envie d'essayer au tableau; c'est pourquoi, je permis à certains autres élèves d'aller écrire leur nom. La plupart d'entre eux le firent très bien. Grâce à cet effort, ils purent comprendre que s'ils pouvaient écrire leur nom, les yeux fermés, un aveugle pourrait palper et deviner les mots dans un livre. Le sourire et l'enthousiasme de la fillette témoignaient qu'elle participait tout autant à la discussion que n'importe quel autre enfant dans la classe. Un peu plus tard, les élèves demandèrent à quoi ressemblaient les livres pour les aveugles. Ils voulaient que l'enseignante en apporte un pour le leur faire voir, ce qu'elle promit de faire.

Au cours de la discussion qui suivit la réunion, et à laquelle participèrent l'institutrice de la classe et plusieurs autres enseignants venus en observateurs, je remarquai que l'on pourrait utiliser la réunion comme moyen de stimuler les enfants à la lecture. L'enseignante pourrait indiquer les avantages qu'il y a à avoir des yeux, ou mieux, amener les enfants à découvrir ces avantages; la lecture, si difficile qu'elle soit pour beaucoup de ces enfants, est bien plus facile pour eux que pour les aveugles. Les enfants participaient pleinement à la réunion, ils en jouissaient vraiment et utilisaient leur intelligence pour réfléchir et résoudre ce qui semblait de prime abord un problème insoluble. Ils faisaient ainsi l'expérience du succès collectif aussi bien que du succès individuel. Des réunions de ce genre avec des enfants de sept ans environ peuvent motiver ces derniers dans nombre de matières de leur programme scolaire. En outre, une classe vraiment enthousiasmée, réfléchie, prise dans cette ambiance collective de succès, ne connaîtra que peu de problèmes de discipline.

Réunion de classe : diagnostic pédagogique (Bérardelli, 1989)

L'expérimentation s'est déroulée dans une classe de troisième année, auprès d'élèves de neuf ans, en fin d'année scolaire. Étant donné l'importance de la notion de fraction dans de nombreux apprentissages, le diagnostic a porté sur celle-ci et il fut fait par une enseignante autre que celle responsable du groupe. La réunion de classe s'est déroulée sur trois périodes de 45 minutes chacune. La notion de fraction est vaste, complexe et les possibilités d'exploration, lors d'un diagnostic, sont très grandes. Selon l'évaluation de l'institutrice, sa classe maîtrisait bien l'idée du fractionnement, l'addition et la comparaison de fractions. La moyenne de la classe en fractions à la fin du troisième trimestre était de 89 %, résultat obtenu à partir d'un examen dont les questions étaient de types suivants :

1. Complète

$$\frac{5}{9} \text{ de } 36 = \bigcirc$$

2. Insère <, > ou =

$$\frac{5}{7} \text{ de } 35 \bigcirc \frac{2}{5} \text{ de } 25$$

3. Complète

$$\bigcirc + \frac{8}{9} = 1 \qquad \frac{3}{7} + \bigcirc = \frac{6}{7}$$

4. Quelle est la fraction hachurée?

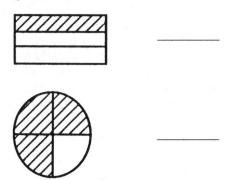

5. Colorie la fraction demandée

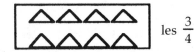 les $\frac{3}{4}$

Le rôle de l'enseignante

En premier lieu, rapporte l'enseignante responsable de l'expérimentation, il m'a semblé important de faire comprendre aux élèves ce que je
faisais dans leur classe et de leur expliquer le but de l'expérimentation
menée avec eux afin de créer un climat de confiance, de détente et
d'ouverture. Puis, tout au long de l'activité, j'ai principalement joué le
rôle d'*animatrice*, favorisant la réflexion et la discussion par différentes
activités et questions, et encourageant chaque enfant à s'exprimer ou à
participer plus activement. Tout cela dans le but d'extraire le plus d'informations possibles me permettant de voir où en étaient les enfants
dans leur compréhension du concept de fraction.

En aucun cas, je n'ai donné une BONNE réponse, demandant
plutôt à la classe de réfléchir à la question et d'apporter des solutions.
Il me semblait, à ce moment, inutile et même nuisible de faire cette
démarche puisque le but de l'activité n'était pas de faire comprendre le
concept aux élèves mais plutôt de voir, en tant qu'enseignante, où étaient
les faiblesses et les forces des élèves et de saisir comment un enseignant
peut se réajuster en fonction des informations reçues lors d'une réunion
de classe.

L'organisation sociale

La réunion a été modérément structurée. J'avais sélectionné quelques activités et quelques questions clés afin de favoriser la discussion, mais je désirais laisser aux élèves une grande liberté de parole et permettre à chacun de participer. De plus, c'est moi qui donnais la parole, distribuais les rôles à jouer et qui mettais un terme à l'activité ou à la discussion en cours si je considérais qu'elle ne menait à rien. J'ai particulièrement encouragé les élèves les plus silencieux, les plus timides et les plus tapageurs à exprimer clairement leurs idées même si elles ne leur semblaient pas aussi intéressantes que celles des autres. J'ai beaucoup insisté sur le fait que rien n'était noté ou jugé et que toutes les idées étaient à considérer.

Les dispositifs de soutien

« Les réunions de classe sont à la mesure de l'imagination, de l'ingéniosité et de la conviction de ceux qui les animent » (Glasser, 1973, p. 191). Afin d'améliorer l'animation et d'arriver à un diagnostic significatif, j'avais choisi des activités bien différentes de celles généralement proposées en classe et qui devaient susciter une vive participation des élèves.

Le déroulement des activités

Première rencontre : lundi 5 juin, de 14 h 30 à 15 h 15

La première partie de la rencontre fut consacrée aux présentations et à l'explication de l'expérimentation. Les enfants étaient très heureux de cette nouvelle activité et enthousiasmés à l'idée d'avoir des activités inhabituelles. Leur excitation disparut lorsque j'annonçai le sujet de notre réunion : les fractions. « Ah non! pas encore ça! », se sont-ils exclamés. « Rassurez-vous », leur dis-je, « ce n'est pas un examen, ni une interro, ni une leçon que je donnerai mais plutôt des activités me permettant et vous permettant de voir ce que vous comprenez ou pas de cette notion et de réajuster les leçons s'il y a lieu pour que vous compreniez mieux cette notion. Rien n'est noté, rien ne compte. Il n'y a pas de bonnes ou de mauvaises réponses. Nous discutons sur le sujet des fractions ». Les élèves ne tenant plus en place après cette introduction, je décidai de passer tout de suite à la première activité.

Activité 1

J'écris la fraction 1/3 au tableau et je demande aux élèves de bien observer ce qui est écrit. Ils disent, dans un même temps, que c'est un tiers. « Bon, maintenant, vous mettez sur vos yeux le bandeau que vous avez sur votre table. »

Beaucoup d'élèves se demandent pourquoi je fais cela et hésitent à mettre leur bandeau. D'autres ont beaucoup de plaisir à chercher le voisin et à tâter les objets autour. Je les calme tous, leur passe une feuille et je leur demande de séparer leur feuille — sans crayon — en fonction de la fraction écrite au tableau. Plusieurs me demandent à nouveau ce qu'il faut faire, d'autres ne comprennent pas la consigne et répliquent qu'ils n'ont jamais fait cela avant. Enfin, après plusieurs minutes d'hésitation, quelques-uns prennent l'initiative de déchirer tout simplement leur feuille en trois parties. Les autres, en entendant le bruit, s'exécutent avec entrain.

Ensuite, je leur dis d'enlever leur bandeau et de me montrer un tiers. Tous lèvent leur main en me montrant les trois morceaux déchirés. Je leur demande ce qu'ils me montrent et ils me répondent que c'est un tiers. « Moi je vois trois morceaux », leur dis-je encore. Mais ce sont trois morceaux séparés et c'est cela un tiers. Un élève objecte que pour montrer un tiers, il ne faut pas montrer les trois morceaux ensemble; il faut en montrer un, puis deux. « Mais pourquoi? » « Parce qu'il reste deux morceaux dans la tarte », me dit-il. « Mais je n'ai pas de tarte aujourd'hui... » « Bien oui! appuie toute la classe, il faut avoir deux morceaux qui restent et un qu'on prend. » « Comment, alors, allez-vous me montrer la fraction un tiers? » « On va prendre un morceau dans une main puis deux morceaux dans l'autre », me dit une élève. « Est-ce que tout le monde est d'accord avec cela? » « Oui! », me répondent-ils. Je tente d'aller chercher les élèves qui parlent le moins en insistant sur leurs idées et en leur disant que je ne cherche pas la BONNE RÉPONSE. Ils n'ont rien à me dire.

Je dis alors à la classe : « Il y a quelque chose que je trouve drôle dans vos fractions, c'est qu'il y a des gros et des petits morceaux et si j'avais à choisir, je choisirais les plus gros. Est-ce que c'est toujours comme cela les fractions? » « Non! non!, me dit un élève, c'est vrai, il faut que les morceaux soient égaux. » Tout le monde acquiesce. « Alors, pourquoi m'avez-vous montré ces morceaux inégaux? » Leur réponse est simple : je leur avais demandé de séparer une feuille et, les yeux bandés, c'était normal que les morceaux soient inégaux. « Qu'est-ce que vous auriez dû faire alors? » « Rien! », me disent quelques-uns. « Regarder à travers notre bandeau et prendre notre règle » et encore : « Calculer dans notre tête les centimètres et bien les diviser en trois ». D'autres concluent enfin que c'est impossible à faire les yeux bandés.

Ils trouvent quand même bien étrange que je leur aie demandé une chose presque impossible à faire. « Pourquoi as-tu fais cela? » « Je vous le répète, dis-je, c'est pour savoir ce que vous comprenez ou pas des fractions et j'utilise des activités bien différentes de celles que vous faites tout le temps. » « Que concluez-vous de cette activité? » Une fraction, c'est des morceaux égaux et on ne peut pas séparer une feuille les yeux bandés. Après cette première activité, peut-on dire ce que vous comprenez ou pas des fractions? « Oui, on comprend tout! »

Activité 2

J'écris 1/4 au tableau. Je leur passe une feuille blanche et leur demande :

1. d'illustrer 1/4
2. d'écrire en mots ce que veut dire 1/4

À la première étape, les élèves savaient ce que voulait dire illustrer mais ils voulaient savoir un quart de quoi ils devaient illustrer. Je leur dis de choisir mais, selon eux, je devais leur donner cette consigne. Je persistai en disant qu'ils devaient choisir eux-mêmes.

La deuxième étape a suscité plus de réactions.

– Qu'est-ce qu'on fait?
– Qu'est-ce qu'on doit dire?
– On n'a jamais fait ça!

Je leur propose de faire comme s'ils devaient expliquer à leur petit frère ou petite sœur ce que ça veut dire les deux chiffres l'un sous l'autre et à quoi cela sert. Ils s'exécutent alors, venant souvent vérifier auprès de moi si c'est correct ce qu'ils font. Je leur réponds qu'ils doivent faire comme ils le pensent et qu'il n'y a pas une seule bonne réponse. Voici quelques exemples représentatifs reproduits textuellement.

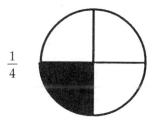

« Ça veut dire que supposons nous sommes quatre personnes et que nous avons une pizza à partager, tu vas découper quatre morceaux mais il faut que tu les coupes tous égaux tes morceaux. C'est ça ce que ça veut dire. »

$\dfrac{1}{4}$

« 1/4 veut dire 4 morceaux et tu en colore 1. »

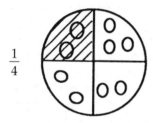

$\dfrac{1}{4}$

« 1/4 c'est une partie sur quatre égales. »

$\dfrac{1}{4}$ de 16 :

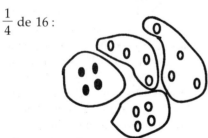

« 1/4 c'est un morceau de tarte comme exemple. Voici la tarte . Vous voyez qu'il y a 4 morceaux dans la tarte : si je coloriais un seul quart, j'appelerais cela un quart. 2/4 c'est la même chose. Je colorie le nombre de morceau qui est le plus haut comme ça. »

 = 2/4. Le 4, le quart est le nombre de morceau qu'il y a! »

Les réponses sont bien significatives. Presque tous les élèves ont illustré la fraction par la fameuse tarte et ont eu beaucoup de difficulté à exprimer ce qu'elle signifiait. Quelques-uns ont tout simplement répété la leçon apprise en classe.

Deuxième rencontre : jeudi 8 juin, de 14 h 30 à 15 h 15

Pour cette deuxième rencontre, j'avais planifié trois activités différentes où les problèmes devaient être résolus par l'application du concept de fraction. Encore une fois, les élèves étaient excités et bavards. Puisqu'ils n'avaient pas de feuilles d'interro devant eux ni une leçon à écouter silencieusement, ils considéraient ces activités comme des jeux.

Activité 1 : Mise en situation (Lyons, M. et R., 1986, p. 122)

Dans la première activité, il s'agissait de faire une petite mise en scène mettant en vedette un vendeur de pizza (M. Fractionné), sourd-muet, et différents clients. Je choisis donc un élève pour faire M. Fractionné en lui expliquant qu'il doit jouer le rôle de vendeur de pizza qui n'entend pas et ne parle pas et qui offre à ses clients des pizzas rectangulaires toutes du même format. Il doit satisfaire ses clients en leur donnant exactement ce qu'ils désirent : des pizzas entières ou des morceaux de grandeurs différentes. Je choisis aussi quatre élèves pour jouer le rôle des clients. Ils doivent trouver un moyen de communiquer leur commande à M. Fractionné.

Les clients s'exécutent donc avec enthousiasme. Un enfant fait un dessin de la pizza rectangulaire — bonne idée — mais sans faire attention aux dimensions et aux égalités. Je lui fais remarquer que ses morceaux sont inégaux et qu'il risque d'avoir un plus petit ou un plus gros morceau que celui désiré. L'enfant me répond que ce n'est pas grave. M. Fractionné, en réponse à son client, déchire la feuille (remplaçant la pizza) n'importe comment sans égard à l'égalité. Le second élève écrit tout simplement la fraction de pizza désirée. M. Fractionné, pas plus attentionné que pour le client précédent, continue à déchirer la même feuille de papier déjà bien entamée. Je lui fais remarquer que ses clients ne seront peut-être pas très satisfaits de ce genre de morceau pas très équitable et bien inégal. Il réfléchit mais ne trouve pas d'autres solutions.

Je choisis un autre élève pour faire M. Fractionné et les clients continuent à affluer au grand plaisir des enfants. Un élève-client écrit au tableau : « gros morceau ». M. Fractionné lui donne la pizza entière. Le client rétorque que c'est trop gros et écrit alors « gros-petit morceau ». M. Fractionné prend des ciseaux et découpe un morceau de la feuille de papier mais sans faire attention aux dimensions et à la forme des morceaux. Le client semble maintenant plus satisfait, mais je lui fais remarquer que son idée porte à confusion. « Mais non!, dit-il, je peux écrire petit-petit ou petit-gros ou gros-gros ou gros-petit… » Les autres clients répètent les mêmes idées que celles déjà rencontrées, un élève fait le dessin de la pizza, mais s'applique à respecter les dimensions et prend la règle pour mesurer et faire des morceaux égaux.

Un autre élève joue le rôle de M. Fractionné; celui-ci plie les feuilles pour tenter de faire des morceaux égaux mais utilise des retailles de pizza au lieu d'utiliser une nouvelle feuille. Puis, par exemple pour la fraction un quart, l'élève-M. Fractionné donne quatre morceaux au client. Quelques élèves observateurs s'objectent en disant qu'il ne faut pas donner quatre morceaux mais plutôt découper la pizza en quatre morceaux et en donner un au client. Pour remplir cette commande, l'élève-M. Fractionné prendra un morceau de papier laissé sur la table, le pliera à peu près en quatre parties égales, les déchirera et en donnera une au client qui l'acceptera volontiers et sera satisfait.

Au cours de cette activité, c'est le jeu qui l'emporte sur la réflexion et la compréhension. Ils ont beaucoup de plaisir à jouer leur différent rôle et ne portent aucune attention, oubliant même la notion que nous sommes en train d'appliquer. J'interviens à plusieurs reprises en leur posant différentes questions ou en leur faisant remarquer la confusion de leurs idées, mais les élèves sont plus attentifs au rôle qu'ils jouent qu'à mes interventions les ramenant à une réalité bien trop scolaire. Ils considèrent que les fractions sont une chose d'école et qu'ils ne peuvent les utiliser que sur une feuille d'interro : pas en dehors de l'école. Un élève-M. Fractionné, à qui je disais qu'il n'était pas toujours bien juste dans sa vente et que certains clients étaient plus gâtés que d'autres, m'a répondu qu'il était impossible de faire des morceaux égaux.

Activité 2 : Mise en situation (Lyons, M. et R., 1986, pp. 141-142)

Si tu entres chez M. Fractionné, qu'écriras-tu pour obtenir le morceau hachuré suivant? (au tableau, dessinez)

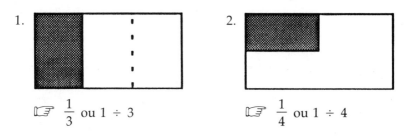

1. ☞ $\frac{1}{3}$ ou $1 \div 3$ 2. ☞ $\frac{1}{4}$ ou $1 \div 4$

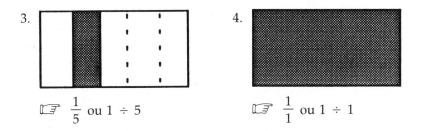

3. $\frac{1}{5}$ ou 1 ÷ 5   4. $\frac{1}{1}$ ou 1 ÷ 1

Cette deuxième activité ressemblait davantage à ce que les élèves avaient déjà vu et pratiqué. Aussi, tous ont rapidement et correctement répondu aux différents numéros, sauf au numéro 2 où un seul élève a fait remarquer qu'on ne pouvait pas écrire un quart parce qu'on voyait un morceau sur deux. Je lui ai fait dessiner un sur deux pour qu'il voie la différence entre les deux dessins et j'ai fait remarquer qu'il n'y avait pas obligation de découper toute la pizza pour avoir un quart.

Activité 3 : Mise en situation (Lyons, M. et R., 1986, p. 124)

L'activité présente les commandes écrites par cinq amis venus dîner chez M. Fractionné :

$$\frac{1}{6} ; \frac{1}{8} ; \frac{1}{5} ; \frac{1}{2} ; \frac{1}{10} .$$

Une série de questions amènent les élèves à comparer les fractions, à les ordonner par ordre ascendant, à inférer et à résoudre des problèmes.

Cette troisième activité se faisait en équipe de deux. Ils devaient, ensemble, discuter et tenter de comprendre les questions et en trouver les réponses. Ce ne sont pas des questions auxquelles ils sont habitués de répondre. Aussi, ils étaient confus, ne comprenaient rien et venaient constamment me demander de l'aide. Je les orientais dans la compréhension des questions sans toutefois leur donner des pistes de réponses. Plusieurs élèves m'ont demandé si ça comptait et lorsqu'ils eurent la certitude que ça ne comptait pas, ils ont abandonné toutes tentatives de recherche, trouvant l'exercice beaucoup trop difficile.

La discussion en groupe fut très difficile. Ils parlaient tous en même temps et étaient très excités. Je sentais, à travers ce désordre, que les enfants étaient dépassés et même insécurisés par cet exercice qui ne faisait pas appel à du connu. Pourtant, selon les connaissances qu'on leur avait transmises, ils auraient dû être capables d'y répondre sans problème. Il n'y a que cinq élèves qui ont à peu près bien répondu aux problèmes et qui ont pu formuler la loi au point F. Les autres étaient complètement perdus et pendant quelques minutes, je me suis demandée s'ils avaient effectivement vu ces notions; ce que je vérifiai auprès de leur institutrice qui me répondit par l'affirmative.

Cette activité m'a clairement révélé la fragilité et la compartimentation du savoir des élèves; en dehors de leurs exercices de techniques et de répétitions d'un modèle, ils ne comprennent plus rien et paniquent devant l'inconnu. En effet, l'indiscipline marquée tout au long de cette seconde rencontre manifestait, selon moi, plus qu'un désir de défier l'autorité ou de se défouler, cette attitude signifiait aussi pour moi l'insécurité devant l'inconnu et une certaine désillusion devant la réalité. En effet, les élèves se sont rendus compte que quelque chose leur échappait et ont constaté la faiblesse de leurs acquisitions.

Troisième rencontre : vendredi 9 juin, de 12 h 45 à 1 h 30
(Lyons, M. et R., 1986, p. 138)

Pour cette dernière rencontre, je leur avais demandé la veille de chercher dans les journaux ou dans des phrases fréquemment utilisées, des expressions comportant des fractions et de rapporter leurs trouvailles en classe. La réaction se fit rapidement entendre : « J'ai pas le temps! » « T'as pas le droit de nous donner des devoirs, on a congé de devoirs et de leçons! » « On n'a jamais fait ça! » « On n'en trouvera jamais! » « Qu'est-ce que tu veux dire? »

J'ai été très étonnée de voir jusqu'à quel point les connaissances qu'ils avaient acquises ne leur permettaient pas de faire des liens avec la réalité. Ce que je leur demandais leur paraissait tout à fait farfelu et impossible à réaliser puisque les fractions ça se voit à l'école, sur une feuille ou au tableau mais pas dans la vraie vie. Deux élèves sont venus me souffler à l'oreille leur trouvaille : « Il est 1 h 30 » et « dans une demi-heure, nous partons ». Les autres étaient ébahis de voir que leurs deux compagnons avaient déjà trouvé des idées. Le lendemain, il n'y eut que cinq élèves qui rapportèrent quelques idées : 1/2 heure, 1/4 de livre de jambon (idée qui fut reprise par plusieurs élèves : 1/2 livre de steak haché; 3/4 de livre de poulet). Une élève avait découpé deux annonces du journal : l'une annonçant une vente à 1/3 du prix et une annonce publicitaire à 12 ¾ % pour un emprunt. Ses compagnons de classe furent impressionnés par la découverte.

Pour terminer cette rencontre, nous discutâmes des situations suivantes :

À la situation 1 où un client demande « une demi-douzaine d'œufs », toute la classe sut dire qu'il voulait six œufs. À la situation 2 où on annonce une vente à « 1/3 du prix courant », tous les élèves surent trouver le prix et faire 1/3 de 18. Ils connaissaient parfaitement la technique de calcul, mais ils ne surent pas m'expliquer en leurs mots ce que cela signifiait. À la situation 3 où l'on indique « de retour dans un quart d'heure », les enfants surent que le médecin reviendrait vers 12 h 15.

Les activités étaient terminées et les enfants parurent soulagés. Je leur ai demandé ce qu'ils retiraient de ces trois rencontres que nous avions eues ensemble. Quelques-uns dirent que c'était « l'fun ». De façon précise, je leur demandai s'ils avaient l'impression de bien maîtriser les fractions. La plupart répondirent oui en me disant que mes questions étaient trop difficiles et que sur les feuilles du prof, ils comprenaient tout et avaient de bonnes notes.

L'analyse critique

Les trois rencontres nous ont révélé, à travers les résultats des activités et les réponses aux questions orales, la grande fragilité du savoir des élèves en ce qui concerne les fractions. Ainsi, une faiblesse marquée a été constatée dans la compréhension du fractionnement et de la pertinence des fractions.

Lors des activités 1 et 2 de la première rencontre et de l'activité 1 de la seconde rencontre, on note que les élèves n'ont pas pensé dans un premier temps à faire les morceaux égaux et lorsqu'ils s'aperçurent de l'importance de l'égalité, ils ne surent pas comment s'y prendre pour partager également. La dernière activité du vendredi a montré plus précisément que les élèves ne savent pas à quoi servent les fractions dans la réalité. Ils voient ce concept comme une matière strictement scolaire ne pouvant s'utiliser en dehors d'une classe.

Une chose reste étonnante : c'est que ces élèves maîtrisent mieux la représentation symbolique des fractions (activité 2 de la seconde rencontre) que les représentations concrètes et imagées du concept qui sont confuses et partielles. Elle reste cependant limitée puisqu'ils ont l'habitude d'une seule forme de représentation. Les questions données à la troisième activité de la seconde rencontre, par exemple, les ont complètement déroutés et ils ne savaient plus jouer avec les symboles, encore moins avec les notions de comparaison ou d'ordre des fractions qu'ils avaient déjà travaillées. Ils éprouvent presque tous beaucoup de difficulté à imaginer la fraction en dehors de la fameuse tarte ronde; les pizzas rectangulaires de M. Fractionné leur causaient quelques problèmes. La même incapacité de transfert apparaît lors de la mise en scène de M. Fractionné; ils ne pouvaient se servir, ou ne pensaient pas à utiliser une notion qu'ils maîtrisaient pourtant si bien sur leur feuille de classe. Leur apprentissage est vraiment décroché de la réalité; ce qu'on apprend à l'école ça ne sert pas en dehors des classes.

En fait, ces élèves sont des techniciens : ils savent bien reproduire un modèle ou appliquer une technique démontrée par l'enseignant, mais ils ne savent pas pourquoi ils le font ou à quoi ça sert. Ils se sont beaucoup attardés au niveau de l'application sans toutefois attacher de l'importance à la réflexion et à la compréhension du concept. Aussi, une majorité de ces élèves, sauf peut-être quatre ou cinq, sont voués à l'échec en ce qui a trait au concept des fractions puisqu'ils ne font aucun lien entre ce qu'ils apprennent et ce qu'ils font, entre l'école et la réalité. Pour remédier aux lacunes rencontrées, il faudrait, tout d'abord, faire travailler les élèves avec du concret, puis avec des représentations imagées et ensuite symboliques, afin de créer des liens étroits entre les apprentissages et la réalité. Il faudrait faire manipuler et réfléchir avant de passer aux techniques de calcul.

J'avoue avoir été un peu sceptique quant à l'efficacité du modèle de réunion de classe, craignant qu'il ne mène à rien. Pourtant, les résultats des trois rencontres ont procuré des informations d'une grande pertinence et d'un intérêt considérable. Outre les aspects mentionnés précédemment, le diagnostic éducatif a apporté un élément clé dans la connaissance de ces élèves : ils ne semblent pas pouvoir réfléchir sur quelque chose de scolaire, une discussion sur les fractions était impensable et infaisable pour eux. Ils paraissaient d'ailleurs étonnés de voir qu'on utilisait des fractions dans la vie courante. Leurs connaissances sont décrochées de la réalité et c'est, selon moi, grâce à des réunions de ce genre que les élèves pourraient se rendre compte de l'utilité de leur savoir.

C'était la première fois que cette classe de troisième année participait à de telles rencontres et les élèves n'ont peut-être pas utilisé à fond toutes leurs connaissances à cause de la nouveauté, de l'inconnu et de l'insécurité qu'ils devaient affronter. Comme ils se sentaient plus libres qu'à l'habitude et dans un cadre d'échanges plutôt ouvert, ils en ont profité et c'est le jeu qui l'a emporté sur la réflexion, et le babillage sur la discussion. Si ces réunions se produisaient régulièrement, je suis convaincue que les élèves en profiteraient non seulement pour mettre à l'épreuve leur savoir mais aussi pour le transférer dans des contextes divers.

Pour l'enseignant lui-même, ces réunions sont extrêmement bénéfiques puisque c'est une occasion spéciale de voir les forces et les faiblesses des connaissances des élèves. Mais pour que le diagnostic éducatif soit vraiment efficace, il faut observer quelques principes qui me sont apparus essentiels :

- Présenter des activités tout à fait différentes de celles menées en classe afin de vérifier la généralisation des apprentissages et même d'amener les élèves à ouvrir les horizons de leur savoir.

- Poser des questions auxquelles les élèves n'ont jamais répondu afin de favoriser une réflexion réelle et l'utilisation concrète de leur savoir.

- Mettre les enfants à l'aise, pour qu'ils se sentent libres d'exprimer leurs idées et insister sur le fait qu'il n'y a pas de notes ni de jugements.

Le fossé énorme qui existe entre ce qui est enseigné, d'une part, et ce qui est compris et appris, de l'autre, provoque selon moi un double échec : celui de l'enseignant qui se sent impuissant et déçu des résultats de ses élèves, à moins bien sûr qu'il soit aussi « technicien » qu'eux, et le second échec serait celui, plus grave, des élèves. En effet, ceux-ci traînent souvent leurs incompréhensions tout au long de leur scolarité et « décrochent » parfois sous la pression des échecs répétés.

Enfin, pour ajouter aux remarques de l'enseignante Bérardelli qui montrent à l'évidence la grande fragilité du savoir des jeunes élèves du primaire, on se rappellera certaines considérations de Chevallard dans *La transposition didactique du savoir savant au savoir enseigné* (1985). L'auteur décrit le savoir de l'élève du primaire comme « fait d'éléments juxtaposés, inorganisables en un tout cohérent parce que chaque élément ne vaut que dans une situation déterminée » (Chevallard, 1985, p. 93). Il s'agit d'un « savoir traité en préconstruction » (Chevallard, 1985, p. 94), en ce sens qu'il est essentiellement lié au contexte qui lui a donné naissance et qu'il ne supporte pas la variation. On convient « qu'à un instant donné, un savoir scientifique quel qu'il soit fonctionne sur une strate profonde de préconscient » (Chevallard, 1985, p. 92). On peut alors pressentir la difficulté d'insérer ce savoir dans un débat, la réunion de classe, qui les fait passer au niveau théorique du discours. Pour surmonter le défi, le « savoir traité en préconstruction [...] doit être repris, refondu, construit » (Chevallard, 1985, p. 94). C'est exactement ce que vérifie la

réunion de classe portant sur la diagnostic pédagogique de la compréhension du savoir enseigné. L'enseignement a-t-il été fait de façon à ce
que l'élève puisse reprendre ce qui a été appris, le refondre dans un
contexte autre, ce qui oblige à décontextualiser le concept de son
ambiance originelle et à le construire en lui conférant une valence qui
le rendra utilisable et utilisé? Seule une réponse affirmative conférerait
aux apprentissages scolaires leur caractère de signifiance en tant que
facteurs de croissance de l'individu.

> Dans la foulée du courant humaniste, l'école québécoise a-t-elle ins-
> tauré une pédagogie propre à assurer le développement harmonieux
> de la personnalité des jeunes? Le bilan de la démocratisation de l'école,
> accessibilité pour tous, n'a pas eu comme équation réussite pour tous.
> L'analphabétisme caractérise certains élèves du secondaire; le slogan :
> « Qui s'instruit, s'enrichit », n'a plus de crédibilité auprès de jeunes
> incapables d'entrer sur le marché du travail, une fois leurs études
> terminées; le nombre des décrocheurs atteint les 35 % à 40 %, parce
> que l'école ne les motive pas. Il serait facile de blâmer les élèves et de
> rendre le couple indiscipline/échec scolaire, quelle que soit l'an-
> tériorité de l'un par rapport à l'autre, responsable de la situation.
> Cependant, à l'instar de la psychologie communautaire (Landry et
> Guay, 1987, pp. 11-12), il apparaît qu'aborder les problèmes et les
> situations en blâmant l'individu est un modèle d'explication qui « ren-
> force le statu quo puisqu'il n'incite pas à intervenir auprès de l'en-
> vironnement ». Condamner le système est tout aussi néfaste, car
> l'individu abdique sa responsabilité et « peut devenir une victime pas-
> sive de l'environnement ». Il faut plutôt bâtir sur le dynamisme interac-
> tif individu/environnement. « L'environnement influence le compor-
> tement mais les individus ont également la capacité d'agir sur
> l'environnement. »

Voilà pourquoi, tout au cours de l'ouvrage, on a dégagé un ensemble de propositions, sous forme de modèles ou autres considérations
pédagogiques, en vue de faire de l'école un lieu d'existence totale où
les différents aspects du développement de la personnalité sont pris en
charge. Il appert que les modèles gestaltistes, tout comme ceux de la
réunion de classe et de la créativité, grâce à leur objectif éducatif global,
visent à rapprocher l'école de la vie. Ils donnent à l'institution scolaire
un sens, ils promeuvent l'apprentissage dans une perspective systémique, ils permettent à certains apprenants de trouver la motivation
nécessaire pour apprendre, ils se centrent sur « les compétences des
individus » (Heller et Monahan, 1977), ils sont finalement des atouts
pour jouer la carte du développement de la personnalité des jeunes. Ce
faisant, l'école ne se limite pas uniquement à la formation intellectuelle
des élèves, elle vise à les préparer au monde de demain. Or, comme le

souligne Mialaret dans ses réflexions sur les finalités et objectifs de l'éducation, *Pédagogie générale* (1991, pp. 71-72) :

> Nous ne savons pas exactement ce dont auront besoin les hommes de demain. L'éducation d'aujourd'hui doit donc développer tous les aspects de leur personnalité pour les rendre aptes à faire face aux défis qu'ils rencontreront : formation physique, intellectuelle, sociale, affective, morale. Le développement de la créativité s'inscrit dans ce cadre général. Il est certain que les hommes du IIIe millénaire seront confrontés à des situations nouvelles pour lesquelles il faudra trouver des solutions originales et pertinentes : apprendre à appliquer des solutions anciennes aux problèmes nouveaux ne suffira plus; l'imagination créatrice devra se mettre au service de cette quête constante de nouvelles solutions dans le cadre des nouvelles situations qui découleront des progrès techniques et scientifiques.

Conclusion

Cet ouvrage didactique invite l'école à s'engager dans le développement du mode de pensée propre à l'hémisphère droit du cerveau et la systématisation des développements cognitifs, affectifs, physiques et sociaux. Comme corollaire pratique, cela signifie que les dimensions de la personnalité qui ne sont pas systématiquement prises en charge actuellement par l'école le deviennent, non seulement en termes d'objectifs éducatifs, mais surtout comme ferment de l'action didactique.

Dans ce sens, *L'enseignement et l'hémisphère cérébral droit* revendique pour les classes, ce que plusieurs philosophes, sociologues et scientifiques réclament pour l'éducation en général. L'ère de l'impérialisme scientifique est, selon l'expérience historiale de Hölderlin, un temps de détresse; Ferguson affirme que l'âge des disciplines isolées tire à sa fin et qu'il faut embrasser l'holisme; il y aurait, selon Jacoby, urgence de sortir de l'« *age of the academe* »; quant à Walker, il lui apparaît que les physiciens du XXIe siècle seront bien étonnés de découvrir que leurs prédécesseurs du XXe siècle ont légitimé le divorce de la science et de la conscience. Les objets d'anathèmes visés par de telles remarques sont encore dominants à l'école. L'accent est toujours mis sur l'acquisition des connaissances par voie de transmission et la pratique d'exercices en vue d'activer les mécanismes de mémorisation et d'imitation. Le programme d'études induit de telles attitudes par l'énonciation détaillée d'une série d'objectifs; la dissection minutieuse, très analytique, des contenus notionnels; la compartimentation des disciplines; puis la hantise d'une spécialisation hâtive et pointue, dans l'oubli d'une formation aux visions d'ensembles qui sont porteuses de sens, d'équilibre et d'harmonie.

De ce fait, la détresse dont parle Hölderlin est présente dans les salles de cours; elle se manifeste par l'ennui, l'indifférence, la passivité, les comportements routiniers, l'insuccès et souvent l'indiscipline. Bon nombre d'apprenants suivent difficilement le sillon ouvert par la recherche expérimentale qui, grâce à sa démarche analytique rigoureuse, a dégagé une somme de connaissances par ses observations, ses dissections, son réductionnisme capable de ramener tout objet de recherche à ses éléments premiers. Ce savoir scientifique est indispensable; il n'y a qu'à considérer, pour s'en convaincre, les progrès accomplis dans les secteurs de la santé, de la physique et de la technologie, pour ne nommer que ceux-ci. Il n'est pas question de condamner l'apport de la recherche objective, héritière du courant de pensée issu du rationalisme et du positivisme. Nul besoin non plus de souligner l'importance d'assimiler les savoirs ordonnés à l'intérieur des champs disciplinaires; ce sont des atlas pour la découverte et des agents de structuration cognitive. Quoi qu'il en soit, les chercheurs et les enseignants doivent admettre à l'évidence que ce mode scientifique d'approche de la réalité est incomplet. Un objet de connaissance analysé dans ses ramifications les plus fines n'est pas expliqué de façon complète si les lois qui régissent les ensembles ne sont pas éclairées. L'éducation qui ne fait pas appel à la science et à la conscience est limitée.

L'énergie investie dans la démarche analytique en profondeur, sous la dominance du raisonnement logique excluant toute subjectivité, doit avoir comme contrepartie la force déployée pour accéder à d'autres modes d'approche du réel. Ces modes qui permettent de saisir les ensembles et leur structure et qui sont inhérents à la créativité, Karl Stern les appelle « transrationnels » parce qu'ils relèvent de la pensée intuitive. La recherche tout comme l'école qui prépare les chercheurs et s'alimente à même les connaissances qu'ils génèrent se retrouvent présentement à une croisée des chemins. Faut-il miser sur la connaissance scientifique ou encourager une perspective plus globale qui accorde une place importante à la créativité? Deux grands modes de connaissance sont soupesés et évalués : le mode objectif cher aux rationalistes et aux positivistes, et le mode subjectif, intuitif et intériorisé des innéistes.

Un exemple illustre bien le débat où des adeptes fervents se retrouvent dans l'un et l'autre camp. À la suite de la confrontation du grand maître de l'échiquier, Gary Kasparov, avec l'ordinateur « Deep Thought », confrontation d'où Kasparov est sorti vainqueur, une discussion est engagée quant à la puissance de l'intelligence humaine et celle de l'intelligence artificielle. Après l'événement, les informaticiens de « Deep Thought » étaient unanimes : la machine aura raison des grands maîtres, ce n'est qu'une question de temps et de raffinement des programmes. Qui pourra résister à cette force précise et quasi infaillible, déjà en mesure de fournir un billion de possibilités dans une fraction de temps minime ? Et Kasparov de répondre : « Qui a besoin d'un billion de possibilités pour mettre en place une stratégie efficace ? » La machine bien programmée peut effectuer des analyses d'une finesse très grande ; cependant, sa faiblesse par rapport à l'intelligence humaine réside dans son incapacité d'intuition. Or, le jeu d'échecs est une résolution de plusieurs problèmes où les intuitions sont mises à profit en réduisant le nombre de coups à considérer.

Face à l'échiquier, le maître joueur agit en créateur ; il allie la logique et l'heuristique de façon à trouver une solution créatrice à la situation qui s'offre à lui. À cette fin, il tient compte de la situation dans son ensemble : la position des pièces et la prévision de l'effet d'un déplacement, l'adversaire — sa psychologie et ses comportements — et l'environnement. De son côté, l'ordinateur est capable de repérer parmi de multiples mouvements possibles, celui qui convient le mieux à la disposition des pièces sur l'échiquier ; il a accès à une banque d'informations extrêmement riche permettant de choisir parmi des possibilités qui, au moment où elles ont été programmées, sont passées de l'imprévisible au prévisible. L'intelligence humaine ne peut produire une information aussi diversifiée, adéquate et rapide ; par contre, le maître joueur a la possibilité de gérer l'imprévisible. En face du jeu, il saisit la globalité de la situation comme dans une gestalt. Il a une façon « environnementale » de voir les choses dans l'espace, dans leur entourage, sans isoler les variables. Il apprécie le jeu selon les coordonnées de l'espace et aussi du temps ; c'est pourquoi il peut visualiser les conséquences de ses déplacements immédiats et leurs effets à long terme. Avec sa vision globale de la réalité et sa perception de la situation dans sa totalité, il invente des formes ou des patrons d'une complexité nouvelle. La supériorité du joueur intelligent tient au fait qu'il peut imaginer une solution à partir d'un ensemble complexe d'éléments, assumer qu'elle existe et agir comme si elle existait vraiment, la preuve ne pouvant résulter que de l'action. Les hypothèses fécondes des génies, dans quelque domaine que ce soit, découlent toujours d'une connaissance approfondie d'un problème donné, puis d'une saisie mystérieuse de la solution grâce à l'intuition.

C'est dire que l'école doit faire des choix non pas à la croisée des chemins de la connaissance objective et de la connaissance subjective, mais plutôt à leur confluence. Cela est-il possible ? Si deux modes de pensée s'opposent, peuvent-ils être réconciliés? À l'intérieur d'un système d'éducation où l'un ou l'autre paradigme socioculturel peut dominer, il appartient au programme de véhiculer l'option retenue de façon à ce qu'elle se traduise en activités de formation, d'enseignement et d'apprentissage. C'est donc au cœur des programmes que doit s'inscrire la façon « environnementale » de voir l'éducation, selon l'analogie descriptive du joueur d'échecs. Il appartiendra aux enseignants, par la suite, d'opérationnaliser cette façon « environnementale » de prospecter le réel à l'intérieur d'une action didactique appropriée.

Cet ouvrage en ouvrant quelques avenues en didactique veut contribuer à l'actualisation d'une vision globale de l'éducation. L'accent a été mis sur le mode de pensée le moins sollicité de façon soutenue à l'école, à savoir la pensée intuitive, et sur des approches où la subjectivité tient une place importante dans une perspective de prise en charge de la croissance personnelle de l'individu. Des modèles ont été introduits afin d'entraîner les enseignants à des pratiques pédagogiques différentes de celles avec lesquelles ils sont familiers. Il va sans dire que maintes autres approches auraient pu être présentées.

Dans son article : « Pourquoi apprendre ne serait pas une expérience agréable? », Agnès Picolet-Crépault (1989) présente la méthode de la suggestopédie développée en Bulgarie par Lozanov, en 1966, et adaptée aux États-Unis par Ostrander et Schroeder (1979), « Le super-learning ». Essentiellement, la suggestopédie est une méthode de détour pour permettre aux messages de rejoindre la vie psychique inconsciente ou préconsciente et non seulement la vie consciente. Voici une version sommaire présentée par Picolet-Crépault :

> Les élèves sont assis confortablement dans des fauteuils. Ensuite, le professeur choisit une mélodie de type baroque ou classique et la fait jouer doucement pendant qu'il lit en rythme les mots ou les structures de la leçon. L'étudiant semble alors, sans effort, mémoriser à une vitesse prodigieuse le contenu des unités. Les énergies sont positives, l'atmosphère est dégagée de tensions inutiles et la réception de l'élève se fait alors dans de très bonnes conditions.

La méthode fut d'abord utilisée pour l'enseignement des langues vivantes, puis implantée au primaire — avant de s'étendre au secondaire — pour l'enseignement de la lecture, l'écriture et le calcul.

« Le super-learning » est une adaptation des travaux de Lozanov et comporte des activités de relaxation corporelle et mentale, l'écoute de la musique et la respiration rythmique. Voici le cadre d'actualisation de chacun de ces éléments, comme le décrit Picolet-Crépault :

> Tout d'abord, il est essentiel que l'étudiant relâche les tensions de son corps et de son cerveau afin d'être prêt à l'apprentissage. Cet

exercice est pratiqué pendant les deux premières semaines à raison de 15 minutes par jour. Ensuite, une leçon de « super-learning » doit se dérouler au rythme d'une musique qui ait une pulsation par seconde. La musique de style baroque semble être appropriée car l'harmonie entre les deux hémisphères dépend de cela. Seules des musiques classiques de ce genre sont en mesure d'abaisser les battements cardiaques de 72 à moins de 65 et donnent à l'étudiant la possibilité d'entrer dans ce que différents auteurs appellent l'état alpha, état calme et de sérénité intérieure. En dernier lieu, la respiration rythmique joue un très grand rôle dans l'assimilation rapide des connaissances. En effet, la respiration rythmique amène au cerveau de grandes quantités d'oxygène sans fatiguer et sans détruire la relaxation première. Cette dernière stimule le subconscient en harmonisant conscient et subconscient. Cet état de super-conscience est très favorable à un apprentissage rapide et efficace des éléments de la leçon. Il semble donc que ce soit dans la combinaison subtile de ces trois éléments que résulte le succès ou l'échec de la méthode. Chaque leçon dure une demi-heure.

Ces deux approches montrent bien l'effort des écoles pour impliquer la personne de façon plus totale, épanouir la relation maître-élèves et économiser temps et efforts. Outre la confluence des développements, la réconciliation du rationnel et du « transrationnel » est rendue possible dans un cadre pédagogique où les deux modes de pensée ont leur place et sont traités comme complémentaires plutôt qu'opposés.

Tout au cours des réflexions, il a été affirmé à quelques reprises que l'école, historiquement, a privilégié la pensée objective et logique et que les enseignants savent comment la stimuler; il n'en demeure pas moins qu'une réponse dynamique aux courants de la pédagogie contemporaine est toujours à réadapter. La structuration d'une action didactique susceptible de réconcilier dans la confluence, les développements cognitif — pensée objective et subjective — personnel et social, cette pédagogie ne va pas de soi. Comment creuser le sillon de l'enseignement — apprentissage au cœur du développement de la personnalité? Comment édifier la structure du savoir de façon concomitante à celle des valeurs? Quelles exigences méthodologiques pose le développement cognitif qui veut englober aussi bien les connaissances que les habiletés? À quelles conditions le savoir acquis offrira-t-il des perspectives de résolution de problèmes? À quoi ressemblent des activités d'enseignement dont l'objet est « apprendre à penser »?

Ces questions sont si fondamentales qu'elles demandent une réflexion approfondie et justifient un ouvrage autonome. Un ensemble de modèles de structuration cognitive devraient être introduits, de même qu'un questionnement sur l'édification des valeurs et des conduites sociales. Alors seulement, l'enseignant sera en mesure de recourir à un système de modèles d'enseignement qui l'engagera efficacement dans la poursuite d'une vision globale de l'éducation en vue d'un mode d'existence totale. C'est cette aspiration profonde qui se dégage du texte de la jeune auteure de « Bric à brac », élève en cinquième année du secondaire.

BRIC À BRAC

Bric à brac et brac à bric, la ferraille s'entasse dans ma petite cervelle, ma pauvre cervelle qui s'oxyde, saturée de quotidien, oh! ma pauvre tête où s'enchevêtrent des solitudes grammaticales et des folies algébriquement raisonnables.

Mais quelle est cette raison où la poésie n'a plus sa raison d'être? Sans doute la poésie a-t-elle des « raisons que la raison ignore »... et je vois le poète qui s'en va, claudicant dans cet univers où je me perds littéralement. Toute cette pollution chimique, physique ou mathématique fait de moi l'ombre de moi-même et soudain, j'en veux à ce « Penseur de Rodin » qui fait de moi « un penseur de rien ».

Moi, je vis secrètement de l'amour du Rêve et des fruits de l'Imagination. Je vis en retraite dans ma tête ouverte à l'espace. Je vis d'un couple qui habite en moi comme je l'habite. Rêve et Imagination forment ma demeure, mes murs de souplesse et je chéris ces fils insaisissables de ma tête décousue, ma tête en nuage, ma tête en liberté. La liberté ne se calcule pas! ni en grammes, ni en milligrammes, elle se boit simplement et je suis avide de ce nectar qu'on veut absolument empoisonner. Comme une abeille, j'en fais un miel et comme l'abeille, je vole vers le ciel.

C'est un ciel en arc-en-ciel, une unité qui me pénètre de ses milliers de couleurs. Parfois je me pose dans ses jardins où les roses rouges et les roses roses ont encore un parfum que rien ne trahit, pas même les amours illusoires. Je me pose et je fais du miel, mon premier miel. L'amour est vrai aux jardins du ciel en arc-en-ciel et moi j'y goûte comme à mon bon miel. Je suis pure, je suis simple, je suis naïve et rien ne trahit mes chimères car tout autour de moi dans ce pays de rêves flotte dans une allégresse qui est espace sans être terrestre.

La vie est belle en mon pays, la vie est belle aux profondeurs de ma tête, elle folâtre doucement sans que le temps puisse rompre l'équilibre de mes folies. Le temps est sans valeur le temps n'a pas de sautes d'humeur, en profondeur, aux creux de ma tête, ma tête en liberté, ma tête en nuages, ma tête décousue.

Et voilà que le professeur de mathématiques a la prétention de tout recoudre. Je reviens sur terre et bric à brac et brac à bric, je m'oxyde de mathématiques.

Angèle

Bibliographie

ANDERSON, H.H. (Éd.) (1959), *Creativity and its Cultivation*, New York : Harper and Row.

ARTAUD, G. (1982), « Le concept de non-directivité en éducation : son apport et ses limites », *Canadian Journal of Education*, vol. 7, pp. 14-34.

BARRON, F. (1967), « The Psychology of the Creative Writer », dans R.L. MOONEY et T.A. ROZIK (éd.), *Exploration in Creativity*, New York : Harper and Row, pp. 67-74.

BARRON, F. (1969), *Creative Person and Creative Process*, New York : Holt, Rinehart and Winston.

BARTHES, R. (1965), *Le degré zéro de l'écriture*, Paris : Gonthier.

BARTHES, R. (1966), « Introduction à l'analyse structurale des récits », *Communications*, 8, Paris : Seuil, p. 26.

BASSIN, A. (1976), « IRT Therapy in Marriage Counseling », dans BASSIN, BRATTER et RACHIN (éds), *The Reality Therapy Reader. A Survey of the Work of William Glasser*, New York : Harper and Row, p. 195.

BASTIDE, R.M. (1966), *L'autorité du maître*, Neuchâtel : Delachaux et Niestlé.

BAUDELAIRE, C. (1947), *Les fleurs du mal*, Paris : Fasquelle.

BEAUDOT, A. (1973), *La créativité*, Paris : Dunod, coll. Organisation et sciences humaines.

BEAULAC, G. (1983), « Le programme de formation personnelle et sociale : un pas de plus vers une école ouverte à la vie », *Vie pédagogique*, n° 22, pp. 12-15.

BENTON, A.L. (1964), « Contributions to Aphasia Before Broca », *Cortex*, 1, pp. 314-327.

BÉRARDELLI, J. (1989), *Rapport d'expérimentation du modèle de réunion de classe de Glasser*, inédit, Département des sciences de l'éducation, Université du Québec à Montréal.

BERNE, E. (1971), *Analyse transactionnelle et psychothérapie*, Paris : Payot.

BERTRAND, G. (1979), *Les modèles éducationnels*, Montréal : Service pédagogique, Université de Montréal.

BERTRAND, Y. et P. VALOIS (1981), *Les options en éducation*, 1re édition revue et corrigée, Québec : Ministère de l'Éducation, Secteur de la planification.

BESSELL, H. (1975), *Le développement socio-affectif de l'enfant*, traduit par J. Lalanne, Québec : Actualisation.

BLOOM, B.S. (1969), *Taxonomie des objectifs pédagogiques*, tome 1 : domaine cognitif, traduit de l'édition américaine (1956) par Marcel Lavallée, Montréal : Éducation nouvelle.

BOGEN, J.E. (1975), « Some Educational Aspects of Hemispheric Specialization », UCLA *Educator*, 17, pp. 24-32.

BOIREL, R. (1966), *L'invention*, Paris : Presses universitaires de France.

DE BONO, E. (1971), *Lateral Thinking for Management. A Handbook of Creativity*, (s.v.), American Management Association.

DE BONO, E. (1973), *Think Tank. A New Tool for the Mind*, Toronto : Think Tank Corporation.

BOUCHER-TESSIER, D. (1986), *Rapport d'expérimentation d'une stratégie d'écriture créatrice*, inédit, Département des sciences de l'éducation, Université du Québec à Montréal.

BOURDIEU, P. et J.-C. PASSERON (1970), *La reproduction — éléments pour une théorie du système d'enseignement*, Paris : Minuit.

BRADFORD, L.-P., GIBB, J.-R. et K.D. BENNE (éds) (1964), *T-Group Theory and Laboratory Method*, New York : John Wiley.

BRION, M. (1968), *L'art fantastique*, Verviers : Marabout Université.

BROCA, P. (1861), « Remarques sur le siège de la faculté du langage articulé, suivies d'une observation d'aphémie (perte de la parole) », *Bull. Soc. Anat.*, 36, pp. 330-357.

BROHM, J.-M. (1990), « L'impensé du corps : prolégomènes épistémologiques », *Les nouvelles formes de la recherche en éducation au regard d'une Europe en devenir*, Paris : Andsha.

BROWN, G. (1968), « A Pilot Project to Explore Ways to Adapt Approaches in the Affective Domain to the School Curriculum », *Humanistic Education, Report to the Ford Foundation on the Ford-Esalem Project*.

CARIN, A.A. et R.B. SUND (1975), *Teaching Modern Science*, 2e éd., Columbus : Charles E. Merril.

CHAGALL, M. (1959), *Catalogue d'exposition*, Paris : Musée des Arts Décoratifs.

CHALVIN, D., D. DELAUNAY et coll. (1979), *Analyse transactionnelle et relations de travail*, Paris : ESP.

CHANGEUX, J.-P. et A. CONNES (1989), *Matière à pensée*, Paris : Odile Jacob.

CHEVALLARD, Y. (1985), *La transposition didactique du savoir savant au savoir enseigné*, Grenoble : La Pensée Sauvage.

CIPELLETTI, C. et E. MONNIER (1990), *Rapport d'expérimentation du modèle d'auto-exploration de soi de Schutz*, inédit, Département des sciences de l'éducation, Université du Québec à Montréal.

COHEN, J. (1966), *Structure du langage poétique*, Paris : Flammarion.

COOPERSMITH, S. (1967), *The Antecedents of Self-Esteem*, San Francisco : Freeman.

CORBEIL, J. et D. POUPARD (1978), « La gestalt », *Santé Mentale au Québec*, vol. 3, n° 1.

CRAWFORD, R.-P. (1954), *Technics of Creative Thinking*, New York : Hawthorn.

CREMA, M.R. (1978), « La créativité verbale nel bambino », *Rasegna italiana di linguistica applicata*, Gennaio-aprile, Anno X, n° 1, pp. 39-52.

DALI, S. (1935), *La conquête de l'irrationnel*, Paris : Éditions surréalistes.

DAS, J.P., J.R. KIRB et R.F. JARMIN (1979), *Simultaneous and Successive Cognitive Processes*, New York : Academic Press.

DAVISON, L.A. (1974), *Clinical Neuropsychology : Current Status and Applications*, in R.M. REITAN et L.A. DAVISON (éds), New York : John Wiley, pp. 1-18.

DAX, M. (1836), « Lésions de la moitié gauche de l'encéphale coïncident avec trouble des signes de la pensée », communication présentée à Montpellier, in D.F. BENSON (1979), *Aphasia, Alexia and Agraphia*, New York : Churchill Livingstone.

DESROSIERS, R. (1975), *La créativité verbale chez les enfants*, Paris : Presses universitaires de France, coll. Pédagogie d'aujourd'hui.

DESROSIERS-SABBATH, R. (1983), *Modèle d'auto-exploration de soi de Schutz*, inédit, Département des sciences de l'éducation, Université du Québec à Montréal.

DESROSIERS-SABBATH, R. (1984), *Comment enseigner les concepts*, Sillery : Presses de l'Université du Québec.

DESROSIERS-SABBATH, R. (1990), « L'influence d'un perfectionnement didactique à partir de modèles sur les attitudes professionnelles d'enseignants », dans R. DESROSIERS-SABBATH (éd.), *Les modèles en éducation*, Montréal : Éd. Noir sur Blanc, pp. 12-22.

DE WAELHENS, A. (1948), *La philosophie de Martin Heidegger* (3ᵉ éd.), Louvain : Éd. de l'Institut supérieur de philosophie.

DUBÉ, L. (1986), *Psychologie de l'apprentissage de 1880 à 1980*, Sillery : Presses de l'Université du Québec.

DUPUY-WALKER, L. (1975), *L'empathie en milieu scolaire*, Montréal : Université de Montréal, thèse de doctorat.

DUPUY-WALKER, L. (1990), « Les cycles de vie d'un modèle », dans R. DESROSIERS-SABBATH (éd.), *Les modèles en éducation*, Montréal : Éd. Noir sur Blanc, pp. 141-156..

DURKEIM, E. (1980), *Éducation et sociologie*, 4ᵉ éd., Paris : Presses universitaires de France.

DUSSAULT, P.E. et N. SORIN (1991), « L'hécatombe scolaire : de l'alarmisme à l'approche systémique », Montréal : *Le Devoir*, Idées et Événements, 28 août, vol. LXXXII, nº 119, p. 13.

EDWARDS, B. (1979), *Drawing on the Right Side of the Brain*, Los Angeles : Tarcher Inc.

EFRON, R. (1990), *The Decline and Fall of Hemispheric Specialization*, Hillsdale : L. Eribaum.

ESTRELA, M.T. (1986), *Une étude sur l'indiscipline en classe*, Lisboa : Instituto Nacional de Investigacão Cientifica.

FABUN, D. (1971), *You and Creativity*, Beverly Hills : Glencoe Press.

FELDHUSEN, I.F. et V. GUTHRIE (1979), « Model of Problem Solving Processes and Abilities », *Journal of Research and Development in Education*, vol. 12, nº 2, pp. 22-32.

FERGUSON, M. (1981), *Les enfants du Verseau. Pour un nouveau paradigme*, Paris : Calmann Lévy.

FERRIER, D. (1886), *The Functions of the Brain*, Londres : Smith Elder and Company.

FEUERSTEIN, R. (1980), *Instrumental Enrichment. An Intervention Program for Cognitive Modifiability*, Baltimore : University Park Press.

FLANDERS, N.A. (1951), *Analysing Teaching Behavior*, Massachusetts : Addison-Wesley Publishing Company.

FLOURENS, P. (1843), *Examen de la phrénologie*, Paris : Paulin.

FREUD, S. (1911), « Formulations on the Two Principles in Mental Functioning », *The Standard Edition of the Complete Psychological Works of Sigmund Freud*, 12, pp. 213-26, Londres : The Hogarth Press and the Institute of Psychiatry.

FROSTIG, M. et P. MASLOW (1980), « Teachers Urged to Understand Brain Processes », *Brain/Mind Bulletin*, Los Angeles, vol. V.

FUSTIER, M. et B. FUSTIER (1982), *Pratique de la créativité*, Paris : ESF, « Formation permanente en sciences humaines ».

GENETTE, G. (1966), *Figures, Essais*, Paris : Seuil, coll. Tel Quel.

GETZELS, J.-W. et P.-W. JACKSON (1962), *Creativity and Intelligence Explorations with Gifted Students*, London : John Wiley and Sons.

GLASSER, W. (1965), *Reality Therapy*, New York : Harper and Row.

GLASSER, W. (1971), *La thérapie par le réel*, traduit par Marie-Thérèse d'Aligny, Paris : EPI.

GLASSER, W. (1973), *Des écoles sans déchets*, traduit par J. Chambert, Paris : Fleurus.

GLICKSTEIN, M. (1966), « Neurophysiology of Learning and Memory », dans T.C. RUCH, H.D. PATTON, J.W. WOODBURY et A.L. TOWE, 1966, *Neurophysiology*, 2ᵉ éd., Philadelphie : Saunders.

GOLDBERG, E. et L.D. COSTA (1981), « Hemispheric Differences in the Acquisition and Use of Descriptive Systems », *Brain and Language*, 14, pp. 144-173.

GOLDEN, C.I. (1981), *Diagnosis and Rehabilitation in Clinical Neuropsychology*, 2ᵉ éd., Springfield : Charles C. Thomas.

GOLTZ, F.L. (1881), *Uber die Verrichtungen des Grosshirns*, Bonn : Gesamette Abhandlungen.

GORDON, W.J.J. (1947), *Synectics : The Development of Creative Capacity*, New York : Harper and Row.

GORDON, W.J.J. (1965), *Stimulation des facultés créatrices dans les groupes de recherche par la méthode synectique*, traduit par M. Périneau, Paris : Éd. Hommes et techniques.

GORDON, W.J.J. (1970), *The Methaphorical Way of Learning and Knowing*, Cambridge : Synectics Education Press.

GREGORY, T.C. (1972), *Encounters with Teaching*, Englewood Cliff : Prentice Hall.

GUILFORD, J.P. (1977), *Way Behind the IQ*, Buffalo : Creative Education Foundation.

HALSTEAD, W.C. (1947), *Brain and Intelligence*, Chicago : University of Chicago Press.

HÉBERT, A. (1960), « Poésie, solitude rompue », *Poèmes*, Paris : Seuil, pp. 67-71.

HELLER, K. et J. MONAHAN (1977), *Psychology and Community Change*, Homewood : Dorsey Press.

HORTON, A. Jr. et D. WEDDING (1984), *Clinical and Behavioral Neuropsychology*, New York : Praeger.

HUDON, R. (1988), *Rapport d'expérimentation d'une stratégie en lecture*, inédit, Département des sciences de l'éducation, Université du Québec à Montréal.

ILLICH, I. (1971), *Une société sans école*, Paris : Seuil.

JANKÉLÉVITCH, V. (1977), *La mort*, Paris : Flammarion.

JOYCE, B. et M. WEIL (1972), *Models of Teaching*, Englewood Cliffs : Prentice Hall.

JOYCE, B., M. WEIL et R. WALD (1973), « The Teacher-Innovator : Models of Teaching as the Core of Teacher Education », *Interchange*, vol. 4, n°s 2-3, pp. 47-60.

KIMURA, D. et Y. ARCHIBALD (1974), « Motor Functions and the Left Hemisphere », *Brain*, 97, pp. 337-350.

KLEIST, K. (1934), *Gerhirnpathologie*, Leipzig : J.A. Barth.

KNELLER, F. (1965), *The Art and Science of Creativity*, New York : Holt, Rinehart and Winston.

KÖHLER, W. (1929), *Gestalt Psychology*, New York : Liveright.

KOUNIN, J. (1977), *Discipline and Group Management in Classrooms*, New York : Robert E. Krieger Publishing Co.

KUBIE, L.S. (1961), *Neurotic Distorsion of the Creative Process*, New York : Moonday Press.

LANDRY, M. et J. GUAY (1987), « La perspective communautaire », dans J. GUAY (dir.), *Manuel de psychologie communautaire*, Chicoutimi : Gaëtan Morin Éditeur, pp. 3-47.

LAPASSADE, G. (1971), *L'autogestion pédagogique*, Paris : Gauthier-Villars.

LA RUE, P. (1988), *Rapport d'expérimentation d'activités de croissance personnelle*, inédit, Département des sciences de l'éducation, Université du Québec à Montréal.

LASHLEY, K.S. (1929), *Brain Mechanisms and Intelligence*, Chicago : University of Chicago Press.

LASSAIGNE, J. (1968), *Chagall — Dessins inédits*, Genève : Skira.

L'ÉCUYER, R. (1978), *Le concept de soi*, Paris : Presses universitaires de France.

LEFEBVRE, S. (1988), *L'écriture : outil privilégié pour le développement de l'affectivité chez les enfants de neuf ans*, inédit, Montréal : Université du Québec à Montréal.

LE GALLIOT, J. (1977), *Psychanalyse et langages littéraires*, Paris : Nathan.

LE ROBERT (1966), *Dictionnaire alphabétique et analogique de la langue française*, Paris : Société du nouveau Littré Le Robert.

LEZAK, M.D. (1976), *Neuropsychological Assessment*, New York : Oxford University Press.

LINDZEY, G., C. HALL et R. LOTHOMPSON (1978), *Psychology*, New York : Little Brown.

LOBROT, M. (1970), *Changer l'école*, Paris : Éditions de l'Épi.

LOURAU, R. (1971), *Analyse institutionnelle et pédagogie*, Paris : Éditions de l'Épi.

LURIA, A.R. (1980), *Higher Cortical Functions in Man*, New York : Basic Books.

LYONS, M. et R. LYONS (1986), *Défi mathématique 4*, Montréal : Études vivantes.

MACKINNON, D.W., (1962), « The Nature and the Nurture of Creative Talent », *American Psychologist*, vol. 17, pp. 484-495.

MARACADÉ, J.-C. (1988), « The Russian Background to Chagall's Work », dans Publications Service of the Montreal Museum of Fine Arts, *Marc Chagall*, Saint-Laurent : Pierre Des Marais inc., pp. 49-63.

MASLOW, A.-H. (1968), *Toward a Psychology of Being*, New York : Litton Educational Publishing Inc.

MERLEAU-PONTY, M. (1945), *Phénoménologie de la perception*, Paris : Gallimard.

MIALARET, G. (dir.) (1979), *Vocabulaire de l'éducation*, Paris : Presses universitaires de France.

MIALARET, G. (1991), *Pédagogie générale*, Paris : Presses universitaires de France.

MILLER, A. (1957), *Arthur Miller's Collected Plays*, New York : The Viking Press.

VON MONAHOW, C. (1905), *Gerhirnpathologie*, Vienna : A. Holder.

MORIN, E. (1990), *Science avec conscience*, Paris : Fayard, Nouvelle édition, coll. Points.

MOWRER, O.H. (1976), « At the Beginning : Foreword to Reality Therapy » dans A. BASSIN, T.E. BRATTER et R.L. RACHIN (éds), *The Reality Therapy Reader. A Survey of the Work of William Glasser*, New York : Harper and Row, pp. 81-91.

MUNK, H. (1890), « On the Visual Area of the Cerebral Cortex, and its Relations to Eye Movements », traduit par F.W. Mott, *Brain*, 13, pp. 45-67.

ORNSTEIN, R., J. JOHNSTON, J. HERRON et C. SWENCIONIS (1980), « Differential Right Hemispheric Engagement in Visuospatial Tasks », *Neuropsychological*, 18, pp. 49-64.

ORNSTEIN, R. (1977), *The Psychology of Consciousness*, New York : Harcourt Brace Jovanovich.

OSBORN, A.F. (1965), *L'imagination constructive*, 2e éd., Paris : Dunod.

PARÉ, A. (1977), *Créativité et pédagogie ouverte*, vol. II, *Créativité et apprentissage*, Laval : Les Éditions NHP.

PARENT, C. (1990), « Élaboration et validation d'un instrument mesurant le concept de soi scolaire d'élèves francophones de V^e secondaire », *Revue québécoise de psychologie*, Montréal : vol. 11, n°s 1-2, pp. 168-194.

PARNES, S.I. (1967), *Creative Behavior Guidebook*, New York : Charles Seribner's Sons.

PENFIELD, W. et L. ROBERTS (1959), *Speech and Brain Mechanisms*, Princeton : Princeton University Press.

PICOLET-CRÉPAULT, A. (1989), « Pourquoi apprendre ne serait pas une expérience agréable? », Nouvelles de l'AEFNB, 22 mai, pp. 5-7.

PIERS, E.V. (1969), *Manual for the Piers-Harris Children's Self-Concept Scale (The Way I Feel About Myself)*, Nashville : Counselor Recordings and Tests.

POLSTER, E. et M. POLSTER (1983), *La gestalt*, traduit par Michel Katzeff, Montréal : Éd. le Jour.

POSTIC, M. (1979), *La relation éducative*, Paris : Dunod.

PRINCE, G. (1978), « Putting the Other Half of the Brain to Work », *Training : The Magazine of Human Ressources Development*, 15, pp. 57-61.

PROVENCHER, S. (1987), *Créativité et paradoxes dans l'Atelier littéraire au niveau collégial*, inédit, Montréal : Université du Québec à Montréal.

PUBLICATIONS SERVICE OF THE MONTREAL MUSEUM OF FINE ARTS (1988), *Marc Chagall*, Saint-Laurent : Pierre Des Marais inc.

RACLE, G. (1983), *La pédagogie interactive*, Paris : Retz.

REITAN, R.M. (1966), « A Research Program on the Psychological Effects of Brain Lesions in Human Beings », *in* N.R. ELLIS (éds), *International Review of Research in Mental Retardation*, vol. 1, New York : Academic Press.

REITAN, R.M. et D. WOLFSON (1985), *Neuroanatomy and Neuropathology. A Clinical Guide for Neuropsychologists*, Tuscon : Neuropsychology Press.

ROGERS, C.R. (1951), *Client-Centered Therapy : Its Current Practice, Implications, and Theory*, Boston : Hanghton Grifflin.

ROGERS, C.R. (1968), *Le développement de la personne*, 2e éd., Paris : Dunod.

ROGERS, C.R. (1973), *Liberté pour apprendre*, édition originale américaine (1969), traduite par Daniel Le Bon, Paris : Dunod.

ROUSSEAU, C. (1986), *Rapport d'expérimentation sur l'interdisciplinarité*, inédit, Département des sciences de l'éducation, Université du Québec à Montréal.

SAGAN, C. (1977), *The Dragons of Eden*, New York : Random House.

SARTRE, J.-P. (1943), *L'être et le néant*, Paris : Gallimard.

SCHUTZ, W. (1967), *Joy : Expanding Human Awareness*, New York : Grove Press.

SCHUTZ, W. (1974), *Joie : l'épanouissement des relations humaines*, traduit par Edith Ochs, Paris : EPI.

SHAVELSON, R.J., HUBNER, J.J. et G.C. STANTON (1976), « Self-concept : Validation of Construct Interpretations », *Review of Educational Research*, n° 46, pp. 407-441.

SIMON, A. (1986), « Beckett ne viendra pas », *L'Express*, n° 1815, 25 avril.

SORIN, N. et R. DESROSIERS-SABBATH (1991), « L'impact de l'apprentissage de Logo sur la structuration du récit », *Revue canadienne de l'éducation*, vol. 16, n° 2, pp. 121-136.

SPERRY, R.W. (1964), « The Great Cerebral Commissure », *in* R.C. ATKINSON (éd.), 1971, *Contemporary Psychology*, San Francisco : Freeman.

SPRINGER, P. et G. DEUTSCH (1989), *Left Brain, Right Brain*, 3ᵉ éd., New York : Freeman and Company.

TORRANCE, E.P. (1969), *Creativity*, Belmoret : Fearon Publishers.

TORRANCE, E.P. et C. REYNOLDS (1980), « Norms-Technical Manual for your Style of Learning and Thinking », Athens : Department of Educational Psychology, University of Georgia.

VYGOTSKY, L.S. (1934, 1962), *Thought and Language*, Cambridge : MIT.

WALLAS, G. (1926), *The Art of Thought*, New York : Harcourt, Brace and World.

WALSH, R. (1980), « Ecology of Brain Challenges Old Conclusions », *Brain/Mind Bulletin*, Los Angeles.

WATZLAWICK, P., J. WEAKLAND et R. FISH (1975), *Changements, paradoxes et psychothérapie*, Paris : Seuil, coll. Points.

WECHSLER, J. (1979), *On Aesthetics in Science*, Cambridge : MIT Press.

WEIL, M., B. JOYCE et B. KLUWIN (1978), *Personal Models of Teaching*, Englewood Cliffs : Prentice Hall.

WILCZEK, F. et B. DEVINE (1988-1989), « Longing for the Harmonies : Themes and Variations from Modern Physics », *Brain/Mind Bulletin*, Los Angeles, vol. 14, n° 10.

WILLIAMS, F.E. (1972), *A Total Creativity Program for Individualizing and Humanizing the Learning Process*, Tome II, (« Encouraging creative potential »), Englewood Cliffs : Educational Technology Publications.

YOUNG, J.Z. (1978), *Programs of the Brain*, Londres : Oxford University Press.

ZWICKY, F. (1967), *Morphology of Propulsive Power*, Pasedena : California Institute of Technology.

Liste des activités

Achevé d'imprimer
en janvier 1993 sur les presses
des Ateliers Graphiques Marc Veilleux Inc.
Cap-Saint-Ignace, Qùé.